高等学校经济与管理类专业“十三五”系列规划教材·应用型

会计仿真模拟实训

主编 李 贞

WUHAN UNIVERSITY PRESS
武汉大学出版社

图书在版编目(CIP)数据

会计仿真模拟实训/李贞主编．—武汉：武汉大学出版社，2017.2(2019.8 重印)
高等学校经济与管理类专业“十三五”系列规划教材·应用型
ISBN 978-7-307-12846-0

Ⅰ.会… Ⅱ.李… Ⅲ.会计学—高等学校—教材 Ⅳ.F230

中国版本图书馆 CIP 数据核字(2017)第 033059 号

责任编辑：郭 芳　　责任校对：刘小娟　　装帧设计：张希玉

出版发行：**武汉大学出版社** (430072 武昌 珞珈山)
(电子邮箱：whu_publish@163.com 网址：www.stmpress.cn)
印刷：武汉市金港彩印有限公司
开本：880×1230 1/16 印张：20 字数：442 千字 插页：5
版次：2017 年 2 月第 1 版 2019 年 8 月第 3 次印刷
ISBN 978-7-307-12846-0 定价：58.00 元

前　言

随着我国财税体制改革的不断深入，以及应用型高校人才培养模式的变革，要求财务、会计的教学能够不断适应其变化，培养财务、会计专业学生的职业判断能力，让学生能够熟练掌握企业日常经济业务的会计处理，并能达到财务、会计等相关工作岗位的技能要求。为此，我们推选出具有丰富实践经验和理论知识的“双师型教师”，总结了多年的教学经验，着力规划出版符合应用型高校教育特点和需求的实训教材。

本书作为应用型高校经济管理类本、专科的实训教材，紧紧围绕我国会计、财税体制改革的现状，根据财政部颁布的《企业会计准则——基本准则》、《企业会计准则——具体准则》、《企业会计准则——应用指南》和相继出台的《企业会计准则解释公告》进行编写，力求做到全面性、系统性与重要性、实用性的融合，内容兼顾知识、技能和实务操作。在编写过程中，我们注重日常会计业务与税收业务的真实情况，模拟业务完全对接企业实际。在设计、结构及内容等方面都体现了应用型高校，以职业教育为本位、以职业能力培养为主线的人才培养模式，以够用、实用和能用为目的来设置教材体系。本书立足于应用型高校实验、实训课程的发展及要求，为培养财务、会计类专业学生的实际动手能力和操作能力提供了实现的途径。本书模拟实际工作中的日常业务及其处理流程，让学生增强感性认识，培养学生的职业判断能力，实现在校学习与工作岗位的零距离对接。

本书由李贞（西南财经大学会计学硕士、副教授、高级会计师，四川工商学院财务会计系主任）主编，设计并编写了本书的大纲，负责全书的统稿及审稿。全书共十二个部分，第一部分至第七部分由李贞编写；第八部分由顾丽莉（高级会计师）、王永红（讲师）、周惠（高级会计师）共同编写；第九部分、第十一部分由顾丽莉编写；第十部分、第十二部分由王永红编写。

在本书的编写过程中，我们参考了大量的文献，在此向所有参考文献的作者表示感谢。由于时间仓促，加之编者水平有限，书中难免存在遗漏和错误，敬请广大读者提出宝贵意见，以便本书再版时参考。

编　者

2017 年 1 月

目　　录

第一部分　会计仿真模拟实训的意义

会计仿真模拟实训旨在实现应用型高校经济管理类专业学生理论与实际的零距离对接，加深对专业理论知识的理解，培养学生的职业判断能力和实际操作能力。开设“会计仿真模拟实训”课程，可以检验学生对财务会计、成本会计、税收等理论知识的掌握情况，使学生全面掌握会计各项技能，并运用这些技能熟练地处理企事业单位的日常会计业务，巩固已学习的会计知识。

“会计仿真模拟实训”是一门实践性、操作性较强的课程，它是财务、会计专业能力提升的主干课程，其先行课程是“基础会计”“中级财务会计”“成本会计”和“税法”，后续课程包括“高级财务会计”“财务管理”“财务分析”等。此课程是验证会计核算知识是否掌握的最佳方式，能够对理论课程内容进行完善和补充。学生通过实训课程，能够根据《企业会计准则》的规定，将理论与实践融为一体，对经济业务进行确认、计量、记录和报告，围绕资产、负债、所有者权益、收入费用、利润、费用六大会计要素对相关会计事项进行核算，达到学以致用的目的，缩短了学生在校学习与企业工作岗位的距离，让学生在校就提前进行了一次岗前培训，为将来就业奠定了良好的账务处理基础。

第二部分　会计仿真模拟实训的规范

依据财政部制定的会计基础工作规范的要求，填制会计凭证，字迹书写须用楷书或行书，不能用草书，字的大小要一致、协调，让人容易辨认。内容完整、准确，且要用精简的文字把业务的内容表述清楚。

一、数字书写规范

首先，阿拉伯数字应一个一个地写，不得连笔写。数字书写要大小一致，每一格只能写一个数字，数字的排列要整齐，数字之间的空隙应均匀。书写顺序是从左到右，从高位到低位。并且在书写时应保持一定的斜度，倾斜角度应以笔顺书写方便，好看易认为准。一般可倾斜在60°左右，使得中心斜线与底平线为60°的夹角。数字书写应紧靠横格底线，其上方留出全格的一半，让数字沿底线占全格的一半，而“6”的上端应比其他数字高出四分之一左右，“7”和“9”的下端比其他数字低四分之一左右，写“0”时不能有缺口，写“8”时上方不能开口，“4”的两竖要平行，“9”不能开口和留尾巴。数字书写如下图所示：

其次，阿拉伯金额数字前应当书写货币币种符号(如人民币符号“¥”)或者货币名称简写和货种符号。币种符号与阿拉伯金额数字之间不得留有空白。凡在阿拉伯金额数字前面写有币种符号的，数字后面不再写货币单位。所有以元为单位的阿拉伯数字，除表示单价等情况外，一律在元位小数点后填写到角、分，无角、分的，角、分位可写“00”或符号“——”，有角无分的，分位应写“0”，不得用符号“——”代替。

二、汉字大写数字书写规范

汉字大写数字用于填写需要防止涂改的销货发票、银行结算凭证、收据等重要原始凭证，在书写时不能写错，如汉字大写数字出错，则本张凭证应当作废，需要重新填制。

第一，汉字大写金额数字，一律用正楷或行书书写，如壹、贰、叁、肆、伍、陆、柒、捌、玖、拾、佰、仟、万、亿、元、角、分、零、整(正)等易于辩认、不易涂改的字样，不得用0、一、二、三、四、五、六、七、八、九、十、另、毛等简化字代替，不得任意自造简化字。

第二，大写金额数字到元或角为止的，在“元”或“角”之后应写“整”或“正”字；大写金额数字有分的，分字后面不写“整”字。

第三，大写金额数字前未印有货币名称的，应当加填货币名称(如“人民币”三字)，货币名称与金额数字之间不得留有空白，更不得打冒号。

第四，阿拉伯金额数字中间有“0”时，汉字大写金额要写“零”字，阿拉伯金额数字中间连续有几个“0”时，汉字大写金额中可以只写一个“零”字，阿拉伯金额数字元位为“0”，或数字中间连续有几个“0”，元位也是“0”，但角位不是“0”时，汉字大写金额可只写一个“零”字，也可不写“零”字。

例如：人民币108.90元，汉字大写：人民币壹佰零捌元玖角整；

　　人民币3006.78元，汉字大写：人民币叁仟零陆元柒角捌分；

　　人民币105000.25元，汉字大写：人民币壹拾万零伍仟零贰角伍分。

第三部分　会计仿真模拟实训的程序和内容

一、建账的程序和方法

(一)准备账簿、账页

将本书第十二部分中的备用账簿及账页沿虚线剪下，并按照日记账、明细账及总账的要求，分别整理并装订成订本式、活页式账册。设置 1 本现金日记账，同时以基本账户设置 1 本银行存款日记账，现金日记账和银行存款日记账均使用订本式。设置 1 本订本式总分类账，设置 1 本明细分类账并使用活页式。其中，存货类的明细账使用数量金额式的账页，收入、费用、成本类的明细账使用多栏式的账页，应交增值税的明细账使用专用账页，其他的可使用三栏式账页。

(二)填写账簿启用表

将单位名称、账簿名称、所属年度、装订册次、起讫页码、单位负责人、财务负责人以及人员变动、交接等信息，准确无误地填写在账簿启用表上。

(三)设置会计科目及账户，并制订编号

按照企业经济业务的核算要求，设置相关的会计科目，并建立相应的总账账户和明细账账户，将账户进行顺序编号，填写账户的期初余额，编制账户目录和科目索引。

二、日常业务的处理

日常业务的处理主要是对库存现金、银行存款、存货、固定资产、投资、采购、销售等经常发生的业务进行账务处理，涉及原始凭证的填制和审核、记账凭证的编制和审核、过账及会计账簿的登记等工作内容。

三、成本费用的计算与分配

对全月直接材料、直接人工、制造费用、职工薪酬等按照一定的方法计算并填制成本费用计算单，将成本费用分配到相应的产品成本中。

四、期末计提与结转

期末根据本月实际情况计提各种税费、资产减值损失，结转当期损益，以及年度利润分配的结转。

五、会计报表的编制

期末根据本期的会计凭证登记各类账簿，编制科目汇总表、试算平衡表，编制资产负债表、利润表和现金流量表。

六、会计档案的管理

将本期所有会计凭证装订成册，按规定及时归档，并对会计报表、会计账簿和相关会计资料进行妥善保管。

第四部分　模拟企业概况

企业名称:海州市其力制造有限责任公司
所属行业:制造业
法定代表人:刘其力
公司地址:海州市平安路 238 号
注册资金:人民币壹仟万元
其中:科创公司投资 400.00 万元,占 40%;
　　丽景公司投资 300.00 万元,占 30%;
　　弘扬公司投资 300.00 万元,占 30%。
开户行:工商银行海州分行平安路支行
账号:1500345900550016
纳税人识别号:610100630000199(增值税一般纳税人)
财务负责人:黄金蓉
会计:钱进
出纳:张一鸣

第五部分　模拟企业会计核算组织形式与会计政策

一、会计核算组织形式

模拟企业海州市其力制造有限责任公司，采用科目汇总表账务处理程序，采用专用记账凭证，分为收款凭证、付款凭证和转账凭证。

1. 根据原始凭证编制汇总原始凭证；
2. 根据原始凭证或汇总原始凭证编制记账凭证；
3. 根据收款凭证、付款凭证逐笔登记现金日记账和银行存款日记账；
4. 根据原始凭证、汇总原始凭证和记账凭证登记各种明细分类账；
5. 根据各种记账凭证编制科目汇总表；
6. 根据科目汇总表登记总分类账；
7. 期末，现金日记账、银行存款日记账和明细分类账的余额同有关总分类账的余额核对相符；
8. 期末，根据总分类账和明细分类账的记录，编制会计报表。

账务处理程序如下图所示：

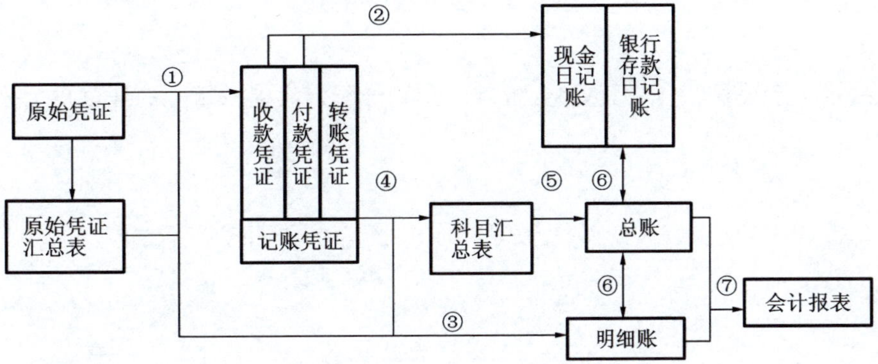

二、会计政策

(一)存货核算制度

所有存货(包括原材料和库存商品等)均应当严格按照出入库制度填制出库单、入库单，并以此计量存货收、发、存数量，月末采用全月一次加权平均法计算当月存货平均单价，以及发出存货、结存存货的实际成本。

（二）固定资产核算制度

固定资产采用年限平均法（直线法）计提折旧，管理用固定资产折旧年限为5年，净残值率为1%；生产用设备折旧年限为15年，净残值率为2%；房屋建筑物折旧年限50年。

（三）无形资产核算制度

无形资产采用直线法摊销，专利技术摊销年限为5年，无残值；土地使用权摊销年限为40年。

（四）应收账款和坏账准备的核算

坏账准备采用备抵法核算，按照余额百分比法，以应收账款期末余额的5%计算并计提坏账准备，计入当期损益。

（五）税金的核算

1. 增值税：模拟企业为增值税一般纳税人，适用税率为17%。
2. 城市维护建设税：以当月实际缴纳增值税额的7%计算缴纳。
3. 教育费附加：以当月实际缴纳增值税额的3%计算缴纳。
4. 地方教育费附加：以当月实际缴纳增值税额的2%计算缴纳。
5. 副食品价格调节基金：以当期销售收入的0.7‰计算缴纳。
6. 企业所得税：以当期应纳税所得额的25%计算缴纳。

（六）当期损益的结转

当期损益类账户均应在期全部结转至"本年利润"科目和账户，不留余额；年末应根据"本年利润"账户的余额，从相反方向结转至"利润分配-未分配利润"账户。

（七）利润分配方案

年末按照当期净利润的10%提取法定盈余公积，并根据董事会批准的利润分配方案提取相应的任意盈余公积，以及向投资者分配利润。

第六部分　会计仿真模拟实训的组织方法和程序

一、会计仿真模拟实训的组织方法

会计仿真模拟实训前先进行分组，每个小组3个成员，以团队形式工作。按照会计业务分为上、中、下三旬的顺序，每人将分别在各旬扮演财务负责人、会计和出纳的角色，每旬业务完成以后将进行岗位和角色轮换。

为了让小组成员都能够参与所有角色的演练，在实训过程中，每旬业务完成以后都应作相应的成本计算、损益结转，以每旬的会计凭证编制一次科目汇总表，并进行一次登记过账。月末编制全月科目汇总表，对账、结账并进行试算平衡，编制会计报表。小组3个成员进行轮换，每人均需要对上、中、下旬和月末业务以及报表的编制全程实训操作一次，实训结束后小组每位成员均需提交一份完整的账册、报表，并以此作为该课程的考核内容之一。

二、会计仿真模拟实训的程序

（一）建账

设置模拟企业日常核算所需要的会计科目，建立相应的日记账、明细分类账、总账的账簿，将各会计科目和账户的期初余额登记入账。

（二）日常账务处理

1. 审核、填写原始凭证；
2. 确定记账凭证种类；
3. 编制记账凭证；
4. 登记日记账；
5. 登记明细分类账；
6. 编制科目汇总表；
7. 登记总账。

（三）编制会计报表

（四）会计档案的装订、归档

第七部分　模拟企业期初数据与资料

海州市其力制造有限责任公司账户期初余额

2015 年 12 月　　单位：元

序号	会计科目		期初余额	
	总账科目	明细科目	借方	贷方
1	库存现金	65 200.00		
2	银行存款		2 385 000.00	
		工行平安支行	2 385 000.00	
3	应收账款		570 000.00	
		凯乐公司	360 000.00	
		福达公司	210 000.00	
4	应收票据		198 000.00	
		东成公司	198 000.00	
5	预付账款		461 200.00	
		华远公司	300 000.00	
		中宏公司	161 200.00	
6	其他应收款		7 000.00	
		王海英	5 000.00	
		孙勇	2 000.00	
7	坏账准备			10 500.00
8	在途物资		296 000.00	
		A 材料	120 000.00	
		B 材料	176 000.00	
9	原材料		376 000.00	
		A 材料	103 000.00	
		B 材料	88 500.00	
		C 材料	184 500.00	
10	库存商品		580 000.00	
		甲产品	300 000.00	
		乙产品	280 000.00	
11	固定资产		8 950 000.00	
		生产用固定资产	6 300 000.00	
		管理用固定资产	2 650 000.00	
12	待处理财产损益		11 700.00	
13	累计折旧			1 991 700.00
14	在建工程		2 300 000.00	
15		生产线	2 300 000.00	

续表

序号	会计科目		期初余额	
	总账科目	明细科目	借方	贷方
16	无形资产		4 230 000.00	
17		专利技术	230 000.00	
18		土地使用权	4 000 000.00	
19	累计摊销			137 500.00
20	生产成本		162 800.00	
		甲产品	93 000.00	
		乙产品	69 800.00	
21	制造费用			
		工资		
		水电费		
		物料消耗		
		折旧费		
		办公费		
22	短期借款			2 000 000.00
23		农行海州支行		2 000 000.00
24	应付账款			220 000.00
25		海天公司		100 000.00
26		洋运公司		120 000.00
27	预收账款			510 000.00
28		虹桥公司		180 000.00
29		锐旗公司		330 000.00
30	应交税费			199 360.00
		应交增值税		178 000.00
		应交城建税		12 460.00
		教育费附加		5 340.00
		地方教育附加		3 560.00
		副调基金		
		应交所得税		
31	应付职工薪酬			456 300.00
		工资		398 600.00
		福利费		57 700.00
32	应付利息			150 000.00
		农行海州支行		150 000.00
33	应付利润			
		科创公司		
		丽景公司		
		弘扬公司		

续表

序号	会计科目		期初余额	
	总账科目	明细科目	借方	贷方
34	实收资本			10 000 000.00
		科创公司		4 000 000.00
		丽景公司		3 000 000.00
		弘扬公司		3 000 000.00
35	资本公积			
36	盈余公积			1 800 000.00
		法定盈余公积		1 800 000.00
37	利润分配			1 896 380.00
		未分配利润		1 896 380.00
38	本年利润			1 221 160.00
39	主营业务收入			
40	主营业务成本			
41	营业税金及附加			
42	销售费用			
43	管理费用			
44	财务费用			
45	资产减值损失			
46	所得税费用			
47	合计		20 592 900.00	20 592 900.00

原材料明细账期初余额

单位:元

材料名称	单位	数量	单价	金额
A 材料	千克	2 000	51.50	103 000.00
B 材料	千克	1 000	88.50	88 500.00
C 材料	千克	3 000	61.50	184 500.00
合计				376 000.00

库存商品明细账期初余额

单位:元

材料名称	单位	数量	单价	金额
甲产品	台	300	1 000.00	300 000.00
乙产品	台	200	1 400.00	280 000.00
合计				580 000.00

生产成本明细账期初余额

单位:元

产品名称	单位	成本项目			
		直接材料	直接人工	制造费用	合计
甲产品	台	48 000.00	36 000.00	9 000.00	93 000.00
乙产品	台	31 500.00	26 800.00	11 500.00	69 800.00
合计		79 500.00	62 800.00	20 500.00	162 800.00

第八部分　本期日常经济业务的处理

一、12 月 1 日—12 月 10 日

业务 1　12 月 1 日，收到银行转来的收账通知单，为 11 月 28 日托收东成公司 12 月 1 日金额为 198 000.00 元的到期商业承兑汇票款。

业务 2　12 月 1 日，收到海州市光明广告公司开具的广告发票 60 000.00 元，上面备注增值税 3 600.00 元。

业务 3　12 月 2 日，出纳员签发现金支票，从银行提取现金 2 000.00 元备用。

业务 4　12 月 2 日，职工困难补助 2 000.00 元申请。

业务 5　12 月 3 日，从海州市浪亿软件开发公司购买管理软件一套，收到增值税专用发票备用，价款 15 000.00 元，增值税 9 000.00 元，开出转账支票支付。

业务 6　12 月 3 日，经核查，原材料 C 毁损是由于保管措施落后造成的；经批准，作为非正常损失计入营业外支出。

业务 7　12 月 4 日，缴纳上月未交增值税 178 000.00 元、应交城建税 12 460.00 元、应交教育费附加、地方教育附加共计 8 900.00 元。

业务 8　12 月 4 日，向银行申请 6 个月周转借款 30 000.00 元转入指定账户，月利率为 0.7%，按季度结算利息。

业务 9　12 月 4 日，采购部李刚出差预借差旅费 2 500.00 元，以现金付讫。

业务 10　12 月 5 日，签发一张现金支票，委托银行代发上月职工工资 398 600.00 元。

业务 11　12 月 6 日，收到开户行转来的收账通知，通知已收到海州市明清公司预付货款 13 700.00 元。

业务 12　12 月 6 日，向海天公司购进 A 材料 3 000 千克，单价 51.50 元/千克，购进 B 材料 2 000 千克，单价 88.50 元/千克，增值税税率为 17%，对方代垫运输费用并转来货物运输业增值税专用发票，注明运费 2 500.00 元，增值税 275.00 元，取得货物运输业增值税专用发票。所购材料已验收入库，款项尚未支付。

业务 13　12 月 7 日，开出转账支票支付前期所欠洋运公司货款 120 000.00 元。

业务 14　12 月 7 日，向重庆振兴公司(地址：解放路 45 号，电话：028-34567890，开户行及账号：建设银行平福巷支行 622662168876987，税务登记号：123456654321780)销售甲产品 100 台，单价 3 500.00 元/台，销售乙产品 180 台，单价 4 500.00 元/台，增值税税率 17%，款项已收存入银行。增值税发票由学生自行填写。

业务 15　12 月 8 日，采购部李刚出差回来报销差旅费 2 400.00 元。

业务 16　12 月 8 日，行政部门报销招待合作单位餐费 550.00 元，以现金付讫。

业务 17　12 月 8 日，购买现金支票和转账支票各 1 本，工本费 120.00 元，从开户行扣款。

业务 18　12 月 8 日，上月 B 材料验收入库。

业务 19　12 月 9 日，财务部门报销办公用品费用 500.00 元，以现金付讫。

业务 20　12 月 9 日，实地盘点库存材料，A 材料 5 000 千克，该材料明细结存 5 120 千克，盘盈 120 千克，单位成本 51.50 元/千克，原因待查。

业务 21　12 月 9 日，开出转账支票支付上月在海州市人民医院给员工体检费用 56 500.00 元。

业务 22　12 月 10 日，采购部门张婷到上海出差采购生产用材料，预借差旅费 4 000.00 元，以现金付讫。原始凭证由学生自行填写。

业务 23　12 月 10 日，向海州市蓝天小学捐款 30 000.00 元，以银行存款转账支付。

业务 24　12 月 10 日，由于企业排污超标而处罚款 25 000.00 元，罚款未付。

业务 25　12 月 10 日，收到购货单位海州市春天美居公司因违反交易合同而获得的罚款收入现金 500.00 元。

业务 26　12 月 10 日，上月在途物资 A 材料验收入库。

业务 27　12 月 10 日，孙勇报销费用 1 800.00 元，退回 200.00 元。

二、12 月 11 日—12 月 20 日

业务 28　12 月 11 日，办公室用现金 360.00 元购买办公用品。

业务 29　12 月 11 日，业务员报销招待客户餐费 350.00 元，以现金付讫。

业务 30　12 月 12 日，办公室报销空调维修费用 435.00 元，以现金付讫。

业务 31　12 月 12 日，开出现金支票，从银行提取现金 3 000.00 元备用。

业务 32　12 月 13 日，向中海发展公司购进 A 材料 500 千克，每千克 50.00 元；购进 B 材料 600 千克，每千克 80.00 元，增值税税率为 17%。以转账支票支付，材料尚未到达。

业务 33　12 月 13 日，资产管理员王一凡到上海出差购买生产用设备，预借差旅费 3 000.00 元，以现金付讫。原始凭证由学生自行填写。

业务 34　12 月 14 日，向青海地震灾区玉树希望小学捐款 20 000.00 元，以银行存款转账支付。

业务 35　12 月 14 日，向梅林公司销售甲产品 40 台，单价 3 500.00 元，增值税税率 17%，款项尚未收到。

业务 36　12 月 14 日，向银行借入期限为 1 年的借款 500 000.00 元用于生产周转，年利率 8%，按年结算利息。

业务 37　12 月 15 日，向光明公司购进 C 材料 1 000 千克，每千克 60.00 元；增值税税率为 17%。材料已验收入库，款项尚未支付。

业务 38　12 月 15 日，收到银行通知已支付自来水公司托收的水费。托收金额 9 040.00 元(其中水费 8 000.00 元，增值税 1 040.00 元)。

业务 39　12 月 15 日，收到银行通知已支付供电公司托收的电费。托收金额 11 700.00 元(其中水费 10 000.00 元，增值税 1 700.00 元)。

业务 40　12 月 15 日，收到海州市天威广告公司增值税专用发票 6 360.00 元(其中广告费价款 6 000.00 元，增值税 360.00 元)，以银行存款付讫。

业务 41　12 月 15 日，办公室报销外购绿植费用 480.00 元，以现金付讫。

业务 42　12 月 16 日，资产管理员王一凡出差回来报销差旅费 2 720.00 元，并交回预借款余额 280.00 元。

业务 43　12 月 16 日，收到 12 月 13 日从上海普天公司购入不需要安装的生产用设备一台，买价 420 000.00 元，增值税税额 71 400.00 元，对方代垫运费并转来上海市合运物流公司开具的货运发票，注明运费 10 000.00 元，增值税税额 1 000.00 元。全部款项已用银行存款支付。

业务44　12月16日,本月向中海发展公司购入的A(500千克)、B(600千克)两种材料到达,已验收入库。

业务45　12月16日,收到凯乐公司开出的转账支票,偿还其前欠货款360 000.00元,已将转账支票送存银行。

业务46　12月16日,收到购货单位三林公司因违反交易合同而获得的罚款收入现金300.00元。

业务47　12月16日,采购员孙勇出差回来报销差旅费4 820.00元,并退回预借款现金180.00元。

业务48　12月17日,开出转账支票,支付光明公司购原材料货款70 200.00元。

业务49　12月17日,生产车间生产甲产品领用原材料(A材料1 000千克;B材料500千克;C材料600千克)。

业务50　12月18日,发现盘亏一台不需用的电脑,原价8 000.00元,已提折旧7 200.00元,盘亏原因待查。

业务51　12月18日,向祥云工厂销售A材料500千克,单价60.00元/千克,增值税税率为17%,货款已收取并存入银行。

业务52　12月18日,结转上述销售A材料实际成本25 000.00元。

业务53　12月19日,生产车间一般耗用领用原材料(A材料100千克)。

业务54　12月19日,经查,盘亏电脑属于自然报废,经批准转为营业外支出。

三、12月21日—12月31日

业务55　12月21日,向银行申请取得期限为三年的借款150 000.00元,该借款用于生产经营,已存入银行账户。年利率6%,到期一次还本付息。

业务56　12月21日,车间一般生产耗用A材料600千克,生产乙产品领用B材料400千克。

业务57　12月22日,根据股权转让协议,科创公司将其10%的股权转让给丽景公司。

股权转让协议

出让方:__科创公司__(以下简称甲方)　　受让方:__丽景公司__(以下简称乙方)

法定代表人:张科　　法定代表人:李丽

甲、乙双方根据有关法律、法规的规定,经友好协商,就甲方将其所持海州市其力制造有限责任公司(下称“目标公司”)10%的股权转让给乙方之相关事宜,达成一致,特签订本协议,以使各方遵照执行。

(一)转让标的

甲方向乙方转让的标的为:甲方合法持有目标公司10%的股权。

(二)转让价款及支付

1.甲、乙双方同意并确认,本协议项下的股权转让价款为¥400 000.00元(大写:人民币肆拾万元)。

2.甲、乙双方同意,待目标公司10%股权过户至乙方名下后15日内,由乙方将股权转让款一次性支付给目标公司,由目标公司将股权转让款支付给甲方。

(三)协议生效条件

当下述的两项条件全部达成时,本协议始能生效。该条件为:

1.本协议已由甲、乙双方正式签署;

2.本协议已得到了各方权力机构(董事会或股东会)的授权与批准。

(四)股权转让完成的条件

1.甲、乙双方完成本协议所规定的与股权转让有关的全部手续,并将所转让的目标公司10%的股权过户至乙方名下。

2.目标公司的股东名册、公司章程及工商管理登记档案中均已明确载明乙方持有该股权数额。

(五)违约责任

1.甲、乙双方均需全面履行本协议约定的内容,任何一方不履行本协议的约定或其附属、补充条款的约定均视为该方对另一方的违约,另一方有权要求该方支付违约金并赔偿相应损失。

2.本协议的违约金为本次股权转让总价款的5%,损失仅指一方的直接的、实际的损失,不包括其他。

3.遵守协议的一方在追究违约一方违约责任的前提下,仍可要求继续履行本协议或终止协议的履行。

(六)附则

1.因履行本协议产生的任何争议,双方应尽力通过友好协商的方式解决;如协商解决不成,任何一方可向协议签订地有管辖权的人民法院提起诉讼。

2.本协议未尽事宜,由双方本着友好协商的原则予以解决,可另行签署补充协议,补充协议与本协议具有同等的法律效力。

3.本协议一式四份,甲、乙双方各执一份,目标公司存档一份,其余一份报公司登记机关备案。

出让方(甲方):科创公司(盖章)　　　　受让方(乙方):丽景公司(盖章)

法定代表人(或授权代表)签字:　　　　法定代表人(或授权代表)签字:

签署时间:______年　　月　　日　　　　签署时间:______年　　月　　日

业务58　12月22日,开出现金支票提取备用金10 000.00元。

业务59　12月22日,银行转来电汇凭证(收账通知),收到上年已作为坏账损失的应收福达公司货款5 000.00元。

业务60　12月22日,开出转账支票,预付下年度财产保险费12 000.00元。

业务61　12月22日,用银行存款归还已到期的短期借款本金共计120 000.00元。

业务62　12月23日,开出转账支票,通过市红十字会向灾区捐赠10 000.00元。

业务63　12月23日,根据股权转让协议,丽景公司向公司支付股权受让款400 000.00元。

业务64　12月23日,公司向科创公司支付股权转让款400 000.00元。

业务65　12月23日,预收海都公司购货款208 500.00元,款项存入银行。

业务66　12月24日,预交当月增值税2 000.00元。

业务67　12月24日,购入需要安装的固定资产价值100 000.00元,增值税17 000.00元,款项已用银行存款支付。

业务68　12月25日,用银行存款5 000.00元支付安装费,安装完毕,交付使用。发生安装费用。

业务69　12月26日,发放职工困难补助。

业务70　12月27日,向海都公司发出甲产品100件,每件售价3 500.00元,增值税税率17%。

业务71　12月28日,业务员王磊借差旅费2 000.00元,现金付讫。

业务72　12月29日,向王辉销售乙产品,数量110台,单价4 500.00元,款项未收。

业务73　12月31日,根据借款协议,上述三年期借款利息分月计提,按季支付,本金于到期后一次归还,计算提取本月借款利息。

业务74　12月31日,收到海州市方正建筑公司开来的普通发票,注明车间房屋修理费40 000.00元,公司办公大楼修理费100 000.00元,已开出转账支票支付。

业务75　12月31日,经确认应付海天公司的货款100 000.00元无法支付,按规定转作营业外收入。

业务76　12月17日,生产车间生产乙产品领用原材料(A材料1 200千克;B材料700千克;C材料800千克)。

第九部分　成本计算与分配

业务77　12月31日，根据"发料凭证汇总表"计算并分配材料费用。

业务78　12月31日，计算分配本月应付职工工资80 000.00元，其中：制造甲产品生产工人工资30 000.00元，制造乙产品生产工人工资20 000.00元，车间管理人员工资5 000.00元，企业行政管理人员工资18 000.00元，销售人员工资7 000.00元。请学生自行填写工资分配表。

第十部分　期末计提及结转

业务 79　12 月 31 日，计提固定资产折旧费用，设生产车间生产管理用设备月折旧率 0.6%，生产车间生产设备月折旧率 0.8%，管理部门管理用设备月折旧率 0.4%。请学生自行填写固定资产折旧计算汇总表。

业务 80　12 月 31 日，分配并结转水费和电费。其中：车间负担 170 000.00 元，行政管理部门负担 90 500.00 元。

业务 81　12 月 31 日，归集与结转制造费用。

业务 82　12 月 31 日，本月甲产品完工 200 台，乙产品完工 120 台。假设期末完工产品率为 60%，计算并结转完工产品成本。

业务 83　当期销售成本结转。

业务 84　计提当月城市维护建设税、教育费附加。

业务 85　计提当期所得税。

业务 86　期末损益结转。

业务 87　结转当期未分配利润。

业务 88　计提当期法定盈余公积金。

业务 1

ICBC 中国工商银行　托收凭证（收账通知）4

No

委托日期　2015年11月28日　　　　付款期限　2015年12月1日

业务类型	委托收款（□邮划、☑电划）　托收承付（□邮划、□电划）						
付款人	全　称	东成公司		收款人	全　称	海州市其力制造有限责任公司	
	账　号	6805860048120			账　号	1500345900550016	
	地　址	省五方市/县	开户行：工行五方分行		地　址	海州市平安路238号	开户行：工商银行海州分行平安路支行
金额	人民币（大写）	壹拾玖万捌仟元整				亿 千 百 十 万 千 百 十 元 角 分	¥ 1 9 8 0 0 0 0 0
款项内容	货款	托收凭据名称	商业承兑汇票		附寄单证张数	1	
商品发运情况			合同名称号码				
备注： 复核　记账		上列款项已划回收入你方账户内。 收款人开户银行签单 2015年12月1日			托收12月1日到期的应收票据。		

中国工商银行海州分行平安路支行　2015年12月01日　转讫

此联付款人开户行凭以汇款或收款人开户银行作收账通知

业务 2-2-1

中国工商银行 转账支票存根

支票号码 15203132

增值税3 600.00元

出票日期 2015年12月1日

收款人：	海州市光明广告公司
金　额：	63 600.00
用　途：	支付广告费

单位主管：黄金蓉　　会计：钱进

海州市其力制造有限责任公司　财务专用章

业务 2-2-2

海州增值税专用发票

No 15453864

3102157140　　　　开票日期：2015年12月2日

全国统一发票监制章　发票联　国家税务总局监制

购买方	名　　称：海州市其力制造有限责任公司 纳税人识别号：610100630000199 地址、电话：海州市平安路238号，0518-98706543 开户行及账号：工商银行海州分行平安路支行 1500345900550016				密码区	（略）	
货物或应税劳务、服务名称	规格型号	单位	数量	单价	金额	税率	税额
广告费		m^2	100	600.00	60 000.00	6%	3 600.00
合　计					60 000.00		3 600.00
价税合计(大写)	⊗陆万叁仟陆佰元整				（小写）	¥63 600.00	
销售方	名　　称：海州市光明广告公司 纳税人识别号：310206318853206 地址、电话：海州市连明路15号，0518-78029160 开户行及账号：工商银行奉化街办事处 382246790025				备注	海州市光明广告公司 310206318853206 发票专用章	

收款人：赵发才　　复核：　　开票人：常有礼　　销售方：(章)

第三联 发票联 购买方记账凭证

业务 3

中国工商银行 现金支票存根

支票号码 15103019

附加信息

出票日期 2015年12月2日

收款人：海州市其力制造有限责任公司	
金　额：2 000.00	
用　途：提取备用金	

单位主管：黄金蓉　　会计：钱进

业务 4

海州市其力制造有限责任公司　职工生活困难补助申请表

部门	材料库	姓名	劳有财	本人工资收入	3 500.00元	家庭其他成员收入	1 200.00元
补助原因	妻子病后休养在家，收入减少，而医药费、营养费等支出增加，造成家庭生活一时困难。					补助性质	临时补助
						申请金额	人民币：　贰仟元整
部门意见	建议补助贰仟元整。 裘玉梅 2015年12月2日	工会意见	同意。 张丽芳 2015年12月2日		代收据	今收到 困难补助人民币：　贰仟元整。 领款人：劳有财 2015年12月2日	

业务 5-2-1

中国工商银行 转账支票存根

支票号码 15203132

附加信息

出票日期 2015年12月3日

收款人：海州市浪亿软件开发公司	
金　额：159 000.00	
用　途：支付管理软件费	

单位主管：黄金蓉　　会计：钱进

业务 5-2-2

海州增值税专用发票

3102157140　　　　　　　　　　　　　　　　№ 15762285

开票日期：2015年12月3日

购买方	名　　称：海州市其力制造有限责任公司 纳税人识别号：610100630000199 地 址、电 话：海州市平安路238号，0518-98706543 开户行及账号：工商银行海州分行平安路支行1500345900550016			密码区	（略）		
货物或应税劳务、服务名称	规格型号	单 位	数 量	单 价	金 额	税 率	税 额
管理软件		套	1	150 000.00	150 000.00	6%	9 000.00
合 计					150 000.00		9 000.00
价税合计(大写)	⊗壹拾伍万玖仟元整				（小写）¥ 159 000.00		
销售方	名　　称：海州市浪亿软件开发公司 纳税人识别号：602358813602013 地 址、电 话：海州市清河路23号，0518-06192087 开户行及账号：工商银行清河路办事处123321456654789			备注			

收款人：王国华　　复核：　　开票人：黄修远　　销售方：（章）

第三联 发票联 购买方记账凭证

业务 6

存货盘亏处理通知

2015年12月3日

经查确认盘亏C材料系保管措施落后造成，批准计入营业外支出。

总经理：刘其力　　会计主管：黄金蓉　　会计：钱进

2015年12月3日　　2015年12月3日　　2015年12月3日

业务 7-2-1

中华人民共和国税收通用缴款书

(2015) 海地缴 30370323 地

注册类型：有限责任公司　　填发日期：2015年12月4日　　征收机关：海州市地税分局

缴款单位(人)	代　码	610100630000199	预算科目	编码	
	全　称	海州市其力制造有限责任公司		名称	城建税、教育费附加
	开户银行	工商银行海州分行平安路支行		级次	
	账　号	1500345900550016	收款国库		海州市中心支库
税款所属时期	2015年11月 日		税款限缴日期	2015年12月10日	

品目名称	课税数量	计税金额或销售收入	税率或单位税额	已缴或扣除额	亿	千	百	十	万	千	百	十	元	角	分
城市维护建设税		17 800.00	7%					¥	1	2	4	6	0	0	0
教育费附加		17 800.00	3%						¥	5	3	4	0	0	0
地方教育费附加		17 800.00	2%						¥	3	5	6	0	0	0
金额合计	人民币(大写)	贰万壹仟叁佰陆拾元整						¥	2	1	3	6	0	0	0

缴款单位(人) (盖章) 经办人(章)	税务机关 (盖章) 填票人(章)	上列款项已收妥并划转收款单位账户 国库(银行)盖章　年 月 日	备注：

实缴金额

无银行收讫章无效

第一联（收据）国库（银行）收款盖章后退缴款单位（人）作完税凭证

逾期不缴按税法规定加收滞纳金

中国工商银行海州分行平安路支行 2015年12月4日 转讫

业务 7-2-2

中华人民共和国
税收通用缴款书

(2015) 303 70323 国
海国缴

注册类型：有限责任公司　　填发日期：2015年12月04日　　征收机关：海州市国税分局

缴款单位(人)			预算科目		
	代　码	610100630000199		编码	
	全　称	海州市其力制造有限责任公司		名称	增值税
	开户银行	工商银行海州分行平安路支行		级次	中央75% 地方25%
	账　号	1500345900550016	收款国库		海州市中心支库
税款所属时期	2015年11月 日		税款限缴日期	2015年12月10日	

品目名称	课税数量	计税金额或销售收入	税率或单位税额	已缴或扣除额	亿	千	百	十	万	千	百	十	元	角	分
机械制造			17%					1	7	8	0	0	0	0	0
金额合计	人民币(大写) 壹拾柒万捌仟元整						¥	1	7	8	0	0	0	0	0

缴款单位(人)(盖章) 经办人(章)	税务机关 (盖章) 填票人(章) 刘其力印	上列款项已收妥并划转收款单位账户 国库(银行)盖章 年 月 日	备注：

（实缴金额）

无银行收讫章无效

第一联(收据)国库(银行)收款盖章后退缴款单位(人)作完税凭证

逾期不缴按税法规定加收滞纳金

业务 8

ICBC 中国工商银行　借款凭证

0099240

2015年12月4日

借款人	海州市其力制造有限责任公司	贷款账号	500—3891	存款账号	1500345900550016
货款金额	人民币(大写) 叁万元整			千 百 十 万 千 百 十 元 角 分	¥ 3 0 0 0 0 0 0
用　途	周转使用	期限	约定还款日期		2016年6月3日
		6个月	贷款利率 0.7%/月	借款合同号码	500—371
上列贷款已转入借款人指定的账户。				复核	记账

第一联 回单

业务 9

借　条

年　月　日

借款原因：预借差旅费	借款人：采购部李刚 盖章　现金付讫
借款金额 (大写) 贰仟伍佰元整 ¥ 2 500.00	备注：

三联：本联在借款结清后退回借款人

业务 10-2-1

中国工商银行 现金支票存根

支票号码 15103019

附加信息

出票日期 2015年12月5日

收款人：海州市其力制造有限责任公司	
金　额：398 600.00	
用　途：由银行代发员工工资	

单位主管：黄金蓉　　会计：钱进

（印章：海州市其力制造有限责任公司 财务专用章）

业务 10-2-2

工资结算汇总表

2015年12月5日　　单位：元

车间或部门	应付职工薪酬			合　计
	基本工资	津　贴	奖　金	
生产车间	339 500.00	46 000.00	13 100.00	398 600. 00
其中：A产品生产工人	146 000.00	20 000.00	6 100.00	172 100. 00
B产品生产工人	133 500.00	12 000.00	4 000.00	149 500. 00
车间管理人员	60 000.00	14 000.00	3 000.00	77 000. 00
合　计	339 500.00	46 000.00	13 100.00	398 600.00

会计主管：黄金蓉　　制单：刘景明　　复核：高桂格

业务 11

ICBC 中国工商银行　信汇凭证（收账通知）

委托日期　2015年12月6日

汇款人	全　称	海州市明清公司	收款人	全　称	海州市其力制造有限责任公司
	账　号	231789654345698		账　号	1500345900550016
	汇出地点	省海州市/县		汇入地点	省海州市/县
汇出行名称		工商银行海州市分行	汇入行名称		工商银行海州分行平安路支行
金额	人民币（大写）	壹万叁仟柒佰元整			¥13 700.00

亿	千	百	十	万	千	百	十	元	角	分
			¥	1	3	7	0	0	0	0

此汇款已收入收款人账户。

（印章：中国工商银行海州分行平安路支行 2015年12月6日 转讫）

汇入行签章

支付密码

附加信息及用途：

收到海州市明清公司预付货款。

复核：　　记账：　2015年12月6日

此联汇出行给汇款人的收账通知

业务 12-4-1

海州市增值税专用发票

（全国统一发票监制章 发票联 国家税务局监制）

1402158140　　　　　　　　　　　　　　　　　　　№ 15452967

开票日期：2015年11月25日

购买方	名　　称：海州市其力制造有限责任公司 纳税人识别号：610100630000199 地 址、电 话：海州市平安路238号，0518-98706543 开户行及账号：工商银行海州分行平安路支行 1500345900550016				密码区	（略）	
货物或应税劳务、服务名称	规格型号	单 位	数 量	单 价	金 额	税 率	税 额
A材料		千克	3 000	51.50	154 500.00	17%	26 265.00
B材料		千克	2 000	88.50	177 000.00	17%	30 090.00
合 计					331 500.00		56 355.00
价税合计(大写)	⊗叁拾捌万柒仟捌佰伍拾伍元整				（小写）	¥ 387 855.00	
销售方	名　　称：海天公司 纳税人识别号：140206315853205 地 址、电 话：海州市永济街88号，0518-7808900 开户行及账号：工商银行天明路办事处382246790025				备注	（海天公司 140206315853205 发票专用章）	

收款人：刘其力　　复核：　　开票人：郭有理　　销售方：(章)

第三联 发票联 购买方记账凭证

业务 12-4-2

货物运输业增值税专用发票

（全国统一发票监制章 发票联 国家税务局监制）

1402154230　　　　　　　　　　　　　　　　　　　№ 15452152

开票日期：2015年11月25日

承运人及纳税人识别号	河东市茂源物流公司 530306316783240	密码区	24398301/800470<*3829348628092405/5/ 加密版本：01 [illegible]>8/1*<>41-/22>9>4///526/3101154230 380*8*->390667629-4140*33670/>14452152 6/+9*93<5+=11/<				
实际受票方及纳税人识别号	海州市其力制造有限责任公司 610100630000199						
收货人及纳税人识别号	海州市其力制造有限责任公司 610100630000199	发货人及纳税人识别号	海天公司 140206315853205				
起运地、经由、到达地							
费用项目及金额	费用项目：运费　金额：2 500.00	货物运输信息					
合计金额	¥2 500.00	税率	11%	税额	¥275.00	机器编号	288000633510
价税合计（大写）	⊗贰仟柒佰柒拾伍元整				（小写）	¥ 2 775.00	
车种车号		车船吨位		备注	（河东市茂源物流公司 530306316783240 发票专用章）		
主管税务机关及代码	高新税务所 11402234567						

收款人：王一凡　　复核人：徐亚明　　开票人：赵文慧　　承运人(盖章)

第三联 发票联 受票方记账凭证

业务 12-4-3

采购费用分配表

2015年12月6日　　　　　　　　　　　　　　　　　金额单位：元

材料名称	分配标准（千克）	分配率	分配金额
A材料	3 000	3	1 500.00
B材料	2 000	2	1 000.00
合 计	5 000		2 500.00

会计主管：黄金蓉　　制单：刘景明　　复核：高桂格

业务 12-4-4

海州市其力制造有限责任公司 收料单

编号：1102

供货单位：海天公司　　2015年12月6日　　仓库：原料库

材料类别	材料编号	材料名称	计量单位	数量		实际成本（元）			
				应收	实收	发票价格	采购费用	合计	单价
(略)	(略)	A材料	千克		3 000	154 500.00	1 500.00	156 000.00	51.50
		B材料	千克		2 000	177 000.00	1 000.00	178 000.00	88.50
合计						331 500.00	2 500.00	334 000.00	

二 财务联

供销主管：莫发愁　　保管员：特认真　　记账：高桂格　　制单：艾志丹

业务 13

中国工商银行 转账支票存根

支票号码 15203132

附加信息

出票日期 2015年12月7日

收款人：洋运公司

金　额：120 000.00

用　途：支付货款

单位主管：黄金蓉　　会计：钱进

（印章：海州市其力制造……财务……）

业务 14-2-1

海州市增值税专用发票

1402158140　　No 15452967

（印章：全国统一发票监制章 海州 国家税务局监制）

发票联

开票日期：

购买方	名　　称： 纳税人识别号： 地 址、电 话： 开户行及账号：			密码区	(略)		
货物或应税劳务、服务名称	规格型号	单 位	数 量	单 价	金 额	税 率	税 额
价税合计(大写)	⊗			(小写)			
销售方	名　　称： 纳税人识别号： 地 址、电 话： 开户行及账号：			备注			

第三联 发票联 购买方记账凭证

收款人：　　复核：　　开票人：　　销售方：(章)

业务 14-2-2

ICBC 中国工商银行 进账单（收账通知） 3

2015年12月3日

出票人	全 称	重庆振兴公司	收款人	全 称	海州市其力制造有限责任公司
	账 号	622662168876987		账 号	1500345900550016
	开户银行	建设银行平福巷支行		开户银行	工商银行海州分行平安路支行
金额	人民币（大写）	壹佰叁拾贰万叁仟贰佰元整			亿 千 百 十 万 千 百 十 元 角 分 ¥ 1 3 2 3 2 0 0 0 0
票据种类	转账支票	票据张数	1		
票据号码	14025112				
	复核	记账			收款人开户银行签章

中国工商银行海州分行平安路支行 2015年12月7日 转讫

此联是收款人开户银行交给收款人的收账通知

业务15

差旅费报销单

报销日期：2015年12月8日

姓名			单冠礼			出差事由		参加京东新产品展销会					
起程日期和地点			到达日期和地点			交通工具	车船费	出差补助		住宿费	其他费用		金额
月	日	地点	月	日	地点			天	金额		摘要	金额	合计
12	4	海州	12	4	北京	飞机	800.00			800.00			1 600.00
12	8	北京	12	8	海州	飞机	800.00						800.00
合 计							1 600.00			800.00			2 400.00
预借金额	2 500.00	报销金额	2 400.00					应退金额	100.00		应补金额		

单据8张

现金付讫

负责人批示：钱一凡　审核人签单：高桂格　出差人签单：单冠礼　出纳：富友立

业务16

海州市餐饮业统一发票（卷票）
HAI ZHOU RETAIL BUSINESS INVOICE

发票代码：11010177473918300
INVOICE CODE
发票号码：62994185
INVOICE NO
密码：[redacted]
PASSWORD
信息码：2×15120704
INP NUMBER
税务登记号：310083420864154
TAXTEGISTRY NO
收款单位：海州市银河大酒店
PAYEE
付款单位：海州市其力制造有限责任公司
PAYER

经销项目 ITEM	金额 AMOUNT
餐饮	

金额合计：¥550.00
(人民币大写)伍佰伍拾元整
TOTALIN CAPITAL
机打票号：000100010008709
PRINTINC NO
税控置防伪码：1327 8097 9200 0473 6001
ANTI-FORCERY CODE
税控装置号
RECEIVER NO

海州市银河大酒店 310083420864154 发票专用章

业务17

ICBC 中国工商银行

交易时间： 20151208 09：26：43

客户名称： 海州市其力制造有限责任公司

缴费账号： 1500345900550016 序号：

缴费方式： 转账 币种： 人民币

实缴金额： 120.00

缴费明细

序号	实缴金额	收费种类名称
1	60.00	转账支票工本费
2	60.00	现金支票工本费

工商银行海州分行平安路支行 2015.12.08 业务办讫章(03) 邵复月

交易网点：0725 交易柜员：d638

客户交费回单

业务18

海州市其力制造有限责任公司 收料单

编号：1102

供货单位：海天公司 2015年12月8日 仓库：原料库

材料类别	材料编号	材料名称	计量单位	数量		实际成本（元）			
				应收	实收	发票价格	采购费用	合计	单价
(略)	(略)	B材料	千克		2 075	166 000.00	10 000.00	176 000.00	84.82
合计						166 000.00	10 000.00	176 000.00	

二财务联

供销主管：莫发愁 保管员：特认真 记账：高桂格 制单：艾志丹

业务19

海州市国家税务局通用机打发票

全国统一发票监制章 发票联 海州 国家税务总局监制

发票代码：210046876620

开票日期：2015年12月9日 发票号码：200486

付款单位：海州市其力制造有限责任公司

品名	规格	单位	数量	单价	金额
复印纸		箱	3	80.00	240.00
移动硬盘			2	130.00	260.00
合计	(大写) 伍佰元整			(小写)	500.00
备注	购买办公用品，直接付交各车间、部门使用				

海州市力得文化用品公司 310138241678215 发票专用章

第一联发票联

收款单位名称(盖章)： 开票人：徐玉婷 (手开无效)

业务20

材料盘点报告单

2012年12月9日

材料编号	品名	规格	计量单位	单位成本	账存	实存	盘盈		盘亏		盘盈盘亏原因	董事会审批
					数量	数量	数量	金额	数量	金额		
A			千克	51.50	5 000	5 120	120	6 180.00			原因待查	
合计												

盘点人签名： 保管人签名：

业务21

中国工商银行 转账支票存根

支票号码 15203132

附加信息

出票日期 2015年12月9日

收款人：海州市人民医院

金 额：56 500.00

用 途：支付员工体检费

单位主管：黄金蓉 会计：钱进

业务22

借 款 单

年 月 日

借款人		借款事由	
所属部门			
借款金额人民币（大写）		核准金额	人民币（大写）

审批意见： 年 月 日	归还期限	月 日	归还方式	

业务 23

中国工商银行 转账支票存根

支票号码 00000004

附加信息

出票日期 2015年12月10日

收款人：	海州市蓝天小学
金　额：	30 000.00
用　途：	捐款

单位主管：黄金蓉　　会计：钱进

(海州市其力制造……财务……)

业务 24

海州行政事业单位收费发票

发票联

(全国统一发票监制章 海州 国家税务总局监制)

发票代码 910000023

发票号码 35502896

单位或个人名称：海州市其力制造有限责任公司　　2015年12月10日

项　目	单　位	数　量	收费标准	金额 十	万	千	百	十	元	角	分	备　注
排污超标罚款					2	5	0	0	0	0	0	
合计（大写）	贰万伍仟元整			¥	2	5	0	0	0	0	0	

② 发票联

(海州市环境保护局 收费专用章)

收款单位：（章）　　开票人：刘一明　　收款人：王大可

业务 25

海州市其力制造有限责任公司 内部收据

2015年12月10日　　编号：2×151230

今　收　到

海州市春天美居公司 交来 因违反交易合同而获得的罚 款

人民币(大写) 伍佰元整

¥ 500.00

备注：

第二联 记账联

记账：高桂格　　出纳：富友立　　制单：艾志丹

业务26

海州市其力制造有限责任公司 收料单

编号：1102

供货单位：海天公司　　2015年12月10日　　仓库：原料库

材料类别	材料编号	材料名称	计量单位	数量		实际成本（元）			
				应收	实收	发票价格	采购费用	合计	单价
(略)	(略)	A材料	千克		2 100	108 150.00	11 850.00	120 000.00	57.14
合计						108 150.00	11 850.00	120 000.00	

二 财务联

供销主管：莫发愁　　保管员：特认真　　记账：高桂格　　制单：艾志丹

业务 27

差旅费报销单

报销日期：2015年12月10日

姓名			孙勇			出差事由		参加京东新产品展销会					
起程日期和地点			到达日期和地点			交通工具	车船费	出差补助		住宿费	其他费用		金额合计
月	日	地点	月	日	地点			天	金额		摘要	金额	
11	28	海州	11	28	济南	飞机	700.00			400.00			1 100.00
11	30	济南	11	30	海州	飞机	700.00						700.00
合 计							1 400.00			400.00			1 800.00
预借金额	2 000.00	报销金额	1 800.00			应退金额	200.00	应补金额					

单据8张

现金付讫

负责人批示：钱一凡　　审核人签单：高桂格　　出差人签单：单冠礼　　出纳：富友立

业务 28

海州市国家税务局通用机打发票

发票代码：210046876620

开票日期：2015年12月11日　　发票号码：200486

全国统一发票监制章 发票联 海州 国家税务局监制

付款单位：海州市其力制造有限责任公司

品名	规格	单位	数量	单价	金额
A4纸		箱	4	90.00	360.00
合计	(大写) 叁佰陆拾元整			(小写)	360.00
备注	购买办公用品，直接交付各车间、部门使用				

第一联 发票联

海州市力得文化用品公司 310138241678215 发票专用章

收款单位名称(盖章)：　　开票人：徐玉婷　　(手开无效)

业务 29

海州市餐饮娱乐统一发票（卷票）
HAI ZHOU RETAIL BUSINESS INVOICE

发票联

发票代码：110101774739183000
INVOICE CODE
发票号码：62994185
INVOICE NO
密码：[redacted]
PASSWORD
信息码：2×15120704
INP NUMBER
税务登记号：310083420864154
TAXTEGISTRY NO
收款单位：海州市光明大酒店
PAYEE
付款单位：海州市其力制造有限责任公司
PAYER

经销项目 ITEM	金额 AMOUNT
餐饮	

金额合计：¥350.00
（人民币大写）叁佰伍拾元整
TOTALIN CAPITAL
机打票号：000100010008709
PRINTINC NO
税控置防伪码：1327 8097 9200 0473 6001
ANTI-FORCERY CODE
税控装置号
RECEIVER NO

（印章：海州市光明大酒店 310083420864154 发票专用章）

业务 30

海州市国家税务局通用机打发票

发票代码：210046876620
发票号码：200486

开票日期：2015年12月11日

发票联

付款单位：海州市其力制造有限责任公司

品名	规格	单位	数量	单价	金额
空调维修费					435.00
合计	（大写）肆佰叁拾伍元整			（小写）	435.00
备注					

第一联 发票联

（印章：海州市天司电器维修公司 310138241678215 发票专用章）

收款单位名称(盖章)：　　开票人：徐玉婷　　（手开无效）

业务 31

中国工商银行 现金支票存根

支票号码 00000002

附加信息

出票日期 2015年12月12日

收款人：	海州市其力制造有限责任公司
金　额：	3 000.00
用　途：	备用金

单位主管：黄金蓉　　会计：钱进

业务 32-2-1

中海市增值税专用发票

发票联

No 15453800

3102157140

开票日期：2015年12月13日

购买方	名　　称：海州市其力制造有限责任公司 纳税人识别号：610100630000199 地 址、电 话：海州市平安路238号，0518-98706543 开户行及账号：工商银行海州分行平安路支行 1500345900550016				密码区	(略)		
货物或应税劳务、服务名称	规格型号	单 位	数 量	单 价	金 额	税 率	税 额	
A材料			500	50.00	25 000.00	17%	4 250.00	
B材料			600	80.00	48 000.00	17%	8 160.00	
合 计					73 000.00		12 410.00	
价税合计(大写)	⊗捌万伍仟肆佰壹拾元整				(小写) ¥ 85 410.00			
销售方	名　　称：中海发展公司 纳税人识别号：310100620055742 地 址、电 话：中海市长平路115号，0516-91609802 开户行及账号：建设银行中海分行长平路支行 382245789002				备注	海州市其力制造有限责任公司承诺下月付款。		

货款未付

收款人：夏建国　　复核：　　开票人：徐杨帆　　销售方：(章)

第三联 发票联 购买方记账凭证

业务 32-2-2

中国工商银行 转账支票存根

支票号码 00000001

附加信息

出票日期 2015年12月13日

收款人：	中海发展公司
金　额：	85 410.00
用　途：	购原材料

单位主管：黄金蓉　　会计：钱进

业务 33

借 款 单

年　月　日

借款人		借款事由	
所属部门			
借款金额 人民币(大写)		核准金额	人民币 (大写)
审批意见： 年 月 日	归还期限	月 日	归还方式	

业务 34

中国工商银行 转账支票存根

支票号码 00000002

附加信息

出票日期 2015年12月14日

收款人：	青海省玉树希望小学
金　额：	20 000.00
用　途：	捐款

单位主管：黄金蓉　　会计：钱进

（印章：海州市其力制造……财务专用章）

业务 35-2-1

上海市增值税专用发票

记账联

（印章：全国统一发票监制章 国家税务局监制 上海）

3102157140　　No 15452156

开票日期：2015年12月14日

购买方	名　　称：梅林公司 纳税人识别号：247550026001013 地址、电话：上海市锦江路52号，021-61969888 开户行及账号：工商银行上海分行锦路支行 1720335801720159				密码区	(略)	
货物或应税劳务、服务名称	规格型号	单位	数量	单价	金额	税率	税额
甲产品			40	3 500.00	140 000.00	17%	23 800.00
合计					140 000.00		23 800.00
价税合计(大写)	⊗壹拾陆万叁仟捌佰元整				(小写)¥ 163 800.00		
销售方	名　　称：海州市其力制造有限责任公司 纳税人识别号：610100630000199 地址、电话：海州市平安路238号，0518-98706543 开户行及账号：工商银行海州分行平安路支行 1500345900550016				备注	对方承诺货款于下月15日支付。	

货款未付

第一联 记账联 销售方记账凭证

收款人：王进勇　　复核：　　开票人：刘富民　　销售方：(章)

业务 35-2-2

海州市其力制造有限责任公司 产品出库单

仓库：成品库

购货单位：梅林公司　　2015年12月14日　　编号：2405

产品编号	规格	产品名称	计量单位	数量 应发	数量 实发	单位成本	金额	备注
(略)	(略)	甲产品	台		40			对外销售

二 财务联

供销主管：莫发愁　　保管员：甄仔细　　记账：高桂格　　制单：严尧秋

业务 36

ICBC 中国工商银行 借款凭证

2015年12月14日　　0099240

借款人	海州市其力制造有限责任公司	贷款账号	500—3891	存款账号	150034590055016
贷款金额	人民币（大写） 伍拾万元整			千百十万千百十元角分	￥50000000
用途	周转使用	期限	约定还款日期	2016年12月13日	
		1年	贷款利率 8%/年	借款合同号码	500—371
上列贷款已转入借款人指定的账户。				复核	记账

第一联 回单

中国工商银行海州分行平安路支行 2015年12月14日 转讫

业务37-2-1

海州市增值税专用发票

发票联　　№ 15453800

3102157140　　开票日期：2015年12月15日

购买方	名称：海州市其力制造有限责任公司 纳税人识别号：610100630000199 地址、电话：海州市平安路238号，0518-98706543 开户行及账号：工商银行海州分行平安路支行 1500345900550016			密码区	（略）		
货物或应税劳务、服务名称	规格型号	单位	数量	单价	金额	税率	税额
C材料 货款未付			1 000	60.00	60 000.00	17%	10 200.00
合计					60 000.00		10 200.00
价税合计（大写）	⊗柒万零贰佰元整				（小写） ￥70 200.00		
销售方	名称：光明公司 纳税人识别号：250100635544382 地址、电话：海州市金星路285号，0518-90783415 开户行及账号：工商银行海州分行金星支行 382268809205			备注	海州市其力制造有限责任公司承诺下月付款。		

收款人：夏建国　　复核：　　开票人：徐杨帆　　销售方：（章）

第三联 发票联 购买方记账凭证

光明公司 250100635544382 发票专用章

业务 37-2-2

海州市其力制造有限责任公司 收料单

编号：1104

供货单位：光明公司　　2015年12月15日　　仓库：原料库

材料类别	材料编号	材料名称	计量单位	数量 应收	数量 实收	实际成本（元） 发票价格	采购费用	合计	单价
（略）	（略）	C材料	千克		1 000	60 000.00			60.00
							在途材料入库		
		合计							

二 财务联

供销主管：莫发愁　　保管员：特认真　　记账：高桂格　　制单：艾志丹

业务 38-2-1

海州市增值税专用发票

No 15459861

3102157140

开票日期：2015年12月15日

(全国统一发票监制章 发票联 海州 国家税务总局监制)

购买方	名称：海州市其力制造有限责任公司 纳税人识别号：610100630000199 地址、电话：海州市平安路238号，0518-98706543 开户行及账号：工商银行海州分行平安路支行 1500345900550016			密码区	(略)		
货物或应税劳务、服务名称	规格型号	单位	数量	单价	金额	税率	税额
水费			1 600	5.00	8 000.00	17%	1 040.00
合计					8 000.00		1 040.00
价税合计(大写)	⊗玖仟零肆拾元整				(小写) ¥9 040.00		
销售方	名称：海州市自来水公司 纳税人识别号：2501005887632 地址、电话：海州市北方路189号，0518-97632052 开户行及账号：工商银行海州分行北方路支行 382269908235			备注	(海州市自来水公司 2501005887632 发票专用章)		

收款人：吴梅花　　复核：　　开票人：商永康　　销售方：(章)

第三联 发票联 购买方记账凭证

业务 38-2-2

ICBC 中国工商银行　特约托收凭证(付款通知)

5　No

委托日期 2015年12月15日　　付款期限　年　月　日

业务类型	委托收款 (☐邮划、☑电划)			托收承付 (☐邮划、☐电划)			
付款人	全称	海州市其力制造有限责任公司		收款人	全称	海州市自来水公司	
	账号	1500345900550016			账号	382269908235	
	地址	省海州市/县	开户行：工商银行海州分行平安路支行		地址	省海州市/县	开户行：工商银行海州分行北方路支行
金额	人民币(大写) 玖仟零肆拾元整						亿 千 百 十 万 千 百 十 元 角 分 ¥ 9 0 4 0 0 0
款项内容	水费	托收凭据名称	增值税专用发票		附寄单证张数	1	
商品发运情况					合同名称号码		
备注： 付款人开户银行收到日期：2015年12月15日 复核　记账	付款人开户银行签章 2015年12月15日 (中国工商银行海州分行平安路支行 2015年12月15日 转讫)			付款人注意： 1. 根据支付结算办法，上列委托收款(托收承付)款项在付款期限内未提出拒付，即视为同意付款，以此代付款通知。 2. 如需提出全部或部分拒付，应在规定期限内，将拒付理由书并附债务证明退交开户银行。			

此联付款人开户银行给付款人按期付款通知

业务 39-2-1

海州市增值税专用发票

No 15459063

3102157140

开票日期：2015年12月15日

（印章：全国统一发票监制章 海州 国家税务总局监制；发票联）

购买方	名　　称：海州市其力制造有限责任公司 纳税人识别号：610100630000199 地 址、电 话：海州市平安路238号，0518-98706543 开户行及账号：工商银行海州分行平安路支行 1500345900550016			密码区	（略）		
货物或应税劳务、服务名称	规格型号	单 位	数 量	单 价	金 额	税 率	税 额
电费			12 500	0.80	10 000.00	17%	1 700.00
合 计					10 000.00		1 700.00
价税合计(大写)	⊗ 壹万壹仟柒佰元整				（小写） ¥11 700.00		
销售方	名　　称：海州市供电公司 纳税人识别号：2501007886852 地 址、电 话：海州市滨江路211号，0518-92102279 开户行及账号：工商银行海州分行滨江路支行 382268852376			备注	（印章：海州市供电公司 2501007886852 发票专用章）		

收款人：吴伟宏　　复核：　　开票人：张定国　　销售方：(章)

第三联 发票联 购买方记账凭证

业务 39-2-2

ICBC 中国工商银行　特约托收凭证 (付款通知)

5　No

委托日期　2015年12月15日

付款期限　　年　月　日

业务类型	委托收款（□邮划、☑电划）		托收承付（□邮划、□电划）				
付款人	全　称	海州市其力制造有限责任公司		收款人	全　称	海州市供电公司	
	账　号	1500345900550016			账　号	382268852376	
	地　址	海州 省 市/县	开户行：工商银行海州分行平安路支行		地　址	海州 省 市/县	开户行：工商银行海州分行滨江路支行
金额	人民币（大写）壹万壹仟柒佰元整				亿 千 百 十 万 千 百 十 元 角 分	¥ 1 1 7 0 0 0 0	
款项内容	电费	托收凭据名称	增值税专用发票	附寄单证张数	1		
商品发运情况				合同名称号码			
备注： 付款人开户银行收到日期： 2015年12月15日 复核　记账		付款人开户银行签章 2015年12月15日 （印章：中国工商银行海州分行平安路支行 2015年12月15日 转讫）		付款人注意： 1. 根据支付结算办法，上列委托收款（托收承付）款项在付款期限内未提出拒付，即视为同意付款，以此代付款通知。 2. 如需提出全部或部分拒付，应在规定期限内，将拒付理由书并附债务证明退交开户银行。			

此联付款人开户银行给付款人按期付款通知

业务40-2-1

海州市增值税专用发票

№ 15453864

3102157140

开票日期：2015年12月15日

购买方	名称：海州市其力制造有限责任公司 纳税人识别号：610100630000199 地址、电话：海州市平安路238号，0518-98706543 开户行及账号：工商银行海州分行平安路支行 1500345900550016			密码区	(略)		
货物或应税劳务、服务名称	规格型号	单位	数量	单价	金额	税率	税额
广告费			12	500.00	6 000.00	17%	360.00
合计					6 000.00		360.00
价税合计(大写)	⊗陆仟叁佰陆拾元整				(小写) ¥6 360.00		
销售方	名称：海州市天威广告公司 纳税人识别号：250102536782 地址、电话：海州市横店路57号，0518-92186557 开户行及账号：工商银行海州分行横店路支行 382727556812			备注			

收款人：赵发才　　复核：　　开票人：常有礼　　销售方：(章)

第三联 发票联 购买方记账凭证

业务40-2-2

中国工商银行 转账支票存根

支票号码 00000003

附加信息

出票日期 2015年12月15日

收款人：	海州市天威广告公司
金额：	6 360.00
用途：	广告费

单位主管：黄金蓉　　会计：钱进

业务41

海州市国家税务局通用机打发票

发票代码：210046876620

发票号码：200486

开票日期：2015年12月15日

付款单位：海州市其力制造有限责任公司

品名	规格	单位	数量	单价	金额
绿植费					480.00
合计	(大写) 肆佰捌拾元整				(小写) 480.00
备注					

收款单位名称(盖章)：　　开票人：徐玉婷　　(手开无效)

第一联 发票联

业务 42-2-1

差旅费报销单

报销日期：2015年12月16日

姓名			王一凡			出差事由		到上海购买生产用设备					
起程日期和地点			到达日期和地点			交通工具	车船费	出差补助		住宿费	其他费用		金额
月	日	地点	月	日	地点			天	金额		摘要	金额	合计
12	13	海州	12	13	上海	飞机	850.00	3	300.00	600.00	交通费	120.00	1 870.00
12	16	上海	12	16	海州	飞机	850.00						850.00
									现金付讫				
合 计							1 700.00		300.00	600.00		120.00	2 720.00
预借金额	3 000.00		报销金额		2 720.00			应退金额		280.00	应补金额		

单据8张

负责人批示：钱一凡　　审核人签单：高桂格　　出差人签单：王一凡　　出纳：富友立

业务 42-2-2

海州市其力制造有限责任公司 内部收据

2015年12月11日　　编号：20151230

今 收 到

王一凡 交来 出差借款剩余 款

人民币(大写) 贰佰捌拾元整

¥ 280.00

备注：

第二联 记账联

记账：高桂格　　出纳：富友立　　制单：艾志丹

业务 43-5-1

上海市增值税专用发票

3102157140　　№ 15453861

全国统一发票监制章 发票联 上海 国家税务总局监制

开票日期：2015年12月13日

购买方	名 称：海州市其力制造有限责任公司 纳税人识别号：610100630000199 地 址、电 话：海州市平安路238号，0518-98706543 开户行及账号：工商银行海州分行平安路支行 1500345900550016			密码区	(略)		
货物或应税劳务、服务名称	规格型号	单 位	数 量	单 价	金 额	税 率	税 额
生产用设备			1	420 000.00	420 000.00	17%	71 400.00
合 计					420 000.00		71 400.00
价税合计(大写)	⊗肆拾玖万壹仟肆佰元整				(小写) ¥ 491 400.00		
销售方	名 称：上海普天公司 纳税人识别号：15010285433928 地址、电话：上海市临江路326号，021-58956572 开户行及账号：工商银行上海分行临江路支行 365727859854			备注	上海市普天公司 15010285433928 发票专用章		

第三联 发票联 购买方记账凭证

收款人：赵发才　　复核：　　开票人：常有礼　　销售方：(章)

业务 43-5-2

固定资产交接（验收）单

2015年12月16日

编号	名称	规格	型号	计量单位	数量	建造单位		备注
0512	生产用设备		HT98型	台	1	上海普天公司		
总价	买价	安装费	运杂费	包装费	其他	原值	预计年限	净残值率
	420 000.00		10 000.00			430 000.00	10年	5%
用途	生产用		使用部门		生产车间		已提折旧	
验收意见	合格，交付使用				验收人签章		陆新华	

财务主管：钱一凡　　制单：刘景明　　复核：高桂格

业务 43-5-3

货物运输业增值税专用发票

1402154230　　№ 05452100

发票联　　开票日期：2015年12月16日

承运人及纳税人识别号	上海市合运物流公司 210111630000268	密码区	85939830７/80０470<*42934860712407/7/ 加密版本：01 +*>8/1*<>41-/33>9>4///526/5　302154230 360*8*->50667629-4356*55671/>　05452100 6/+9*92<5+=08/<
实际受票方及纳税人识别号	海州市其力制造有限责任公司 610100630000199		
收货人及纳税人识别号	海州市其力制造有限责任公司 610100630000199	发货人及纳税人识别号	上海普天公司 15010285433928
起运地、经由、到达地			
费用项目及金额	费用项目　金额 运费　10 000.00	货物运输信息	
合计金额	¥ 11 000.00　税率 10%　税额 ¥1 000.00	机器编号	566000353520
价税合计（大写）	⊗ 壹万壹仟元整	（小写）	¥ 11 000.00
车种车号	车船吨位	备注	
主管税务机关及代码	永安税务所 15302234599		

收款人：刘叶青　　复核人：石晶晶　　开票人：陈泽亮　　承运人(盖章)

第三联 发票联 受票方记账凭证

业务 43-5-4

ICBC 中国工商银行　特约托收凭证（付款通知）　5　№

委托日期 2015年12月21日　　付款期限　年　月　日

业务类型	委托收款（□邮划、☑电划）		托收承付（□邮划、□电划）		
付款人 全称	海州市其力制造有限责任公司		收款人 全称	上海普天公司	
账号	1500345900550016		账号	365727859854	
地址	海州省 市/县	开户行 工商银行海州分行平安路支行	地址	上海省 市/县	开户行 工商银行上海分行临江路支行
金额	人民币（大写）肆拾玖万壹仟肆佰元整		亿千百十万千百十元角分	¥ 4 9 1 4 0 0 0 0	
款项内容	生产用设备	托收凭据名称	增值税专用发票	附寄单证张数	1
商品发运情况			合同名称号码		
备注： 付款人开户银行收到日期：2015年12月21日 复核　记账	中国工商银行海州分行平安路支行 2015年12月21日 转讫 付款人开户银行签章 2015年12月21日		付款人注意： 1.根据支付结算办法，上列委托收款(托收承付)款项在付款期限内未提出拒付，即视为同意付款，以此代付款通知。 2.如需提出全部或部分拒付，应在规定期限内，将拒付理由书并附债务证明退交开户银行。		

此联付款人开户银行给付款人按期付款通知

业务 43-5-5

中国工商银行 转账支票存根

支票号码 00000004

附加信息

出票日期 2015年12月16日

收款人：	上海市合运物流公司
金　额：	11 000.00
用　途：	运费

（印章：海州市其力制造……财务专用章）

单位主管：黄金蓉　　会计：钱进

业务 44

海州市其力制造有限责任公司 收料单

编号：1104

2015年12月16日

供货单位：中海发展公司　　仓库：原料库

材料类别	材料编号	材料名称	计量单位	数量		实际成本（元）			
				应收	实收	发票价格	采购费用	合计	单价
(略)	(略)	A材料	千克		500	25 000.00			50.00
		B材料	千克		600	48 000.00			80.00
							在途材料入库		
合计									

二 财务联

供销主管：莫发愁　　保管员：特认真　　记账：高桂格　　制单：艾志丹

业务 45

ICBC 中国工商银行 进账单 （收账通知） 3

2015年12月16日

出票人	全　称	凯乐公司	收款人	全　称	海州市其力制造有限责任公司
	账　号	1700356800570018		账　号	1500345900550016
	开户银行	工商银行平乐支行		开户银行	工商银行海州分行平安路支行
金额	人民币（大写）	叁拾陆万元整			亿 千 百 十 万 千 百 十 元 角 分：¥ 3 6 0 0 0 0 0 0
票据种类	转账支票	票据张数	1		
票据号码	14025112				
	复核　记账				收款人开户银行签章

（印章：中国工商银行海州分行平安路支行 2015年12月16日 转讫）

此联是收款人开户银行交给收款人的收账通知

业务46

海州市其力制造有限责任公司 内部收据

2015年12月16日　　编号：20151230

今 收 到

三林公司 交来 违反合同罚 款

人民币(大写) 叁佰元整

¥ 300.00

备注：

第二联 记账联

记账：高桂格　　出纳：富友立　　制单：艾志丹

业务47-2-1

差旅费报销单

报销日期：2015年12月16日

姓名			孙勇			出差事由		到台州调研					
起程日期和地点			到达日期和地点			交通工具	车船费	出差补助		住宿费	其他费用		金额合计
月	日	地点	月	日	地点			天	金额		摘要	金额	
11	28	海州	11	28	台州	飞机	800.00	19	1 900.00	1 100.00	交通费	220.00	4 020.00
12	16	台州	12	16	海州	飞机	800.00						800.00
									现金付讫				
合 计							1 600.00		1 900.00	1 100.00		220.00	4 820.00
预借金额	5 000.00	报销金额	4 820.00					应退金额	180.00	应补金额			

单据8张

负责人批示：钱一凡　　审核人签单：高桂格　　出差人签单：孙勇　　出纳：富友立

业务47-2-2

海州市其力制造有限责任公司 内部收据

2015年12月11日　　编号：20151230

今 收 到

孙勇 交来 出差借款剩余 款

人民币(大写) 壹佰捌拾元整

¥ 180.00

备注：

第二联 记账联

记账：高桂格　　出纳：富友立　　制单：艾志丹

业务 48

中国工商银行 转账支票存根

支票号码 00000005

附加信息

出票日期 2015年12月17日

收款人：光明公司	
金　额：70 200.00	
用　途：货款	

海州市其力制造有限责任公司 财务专用章

单位主管：黄金蓉　　会计：钱进

业务 49

海州市其力制造有限责任公司 领料单

编号：1210

领料单位：生产车间　　2015年12月17日　　仓库：原料库

材料类别	材料编号	名称及规格	计量单位	数量		单价	金额	领料用途
				请领	实发			
(略)	(略)	A材料	千克		1 000			生产甲产品
		B材料	千克		500			
		C材料	千克		600			

二 财务联

供销主管：高安全　　保管员：特认真　　记账：高桂格　　制单：艾志丹

业务 50

固定资产处置清理单

编号：

2015年12月17日

使用部门：		交接日期：			
名称及规格	联想电脑	生产厂家	联想集团有限公司		
开始使用时间		2011年6月	大修理情况		
预计使用时间		5年	修理次数	支付费用	
实际使用时间		4.5年	(略)	(略)	
清理固定资产的情况					
原价	8 000.00	累计折旧额	7 200.00	已提减值准备	
开始清理时间	2015.12.17	完成清理时间		报废审批单号	

财务主管：钱一凡　　制单：刘景明　　复核：高桂格

业务51-2-1

海州市增值税专用发票

记账联

3102157140　　　　　　　　　　　　　　　　　　　　　　　　№ 15452156

开票日期：2015年12月17日

购买方	名　　称：祥云公司 纳税人识别号：310200679035587 地 址、电 话：海州市祥云路257号，0518-92003076 开户行及账号：工商银行海州分行祥云支行 1759535258470179				密码区	(略)		
货物或应税劳务、服务名称	规格型号	单 位	数 量	单 价	金 额	税 率	税 额	
A材料			500	60.00	30 000.00	17%	5 100.00	
合 计					30 000.00		5 100.00	
价税合计(大写)	⊗ 叁万伍仟壹佰元整				(小写) ￥35 100.00			
销售方	名　　称：海州市其力制造有限责任公司 纳税人识别号：610100630000199 地 址、电 话：海州市平安路238号，0518-98706543 开户行及账号：工商银行海州分行平安路支行 1500345900550016				备注	对方承诺货款于下月15日支付。		

货款未付

收款人：王进勇　　复核：　　开票人：刘富民　　销售方：(章)

第一联 记账联 销售方记账凭证

业务51-2-2

ICBC 中国工商银行　进账单（收账通知）　3

2015年12月3日

出票人	全　称	祥云公司	收款人	全　称	海州市其力制造有限责任公司
	账　号	1759535258470179		账　号	1500345900550016
	开户银行	工商银行海州分行祥云支行		开户银行	工商银行海州分行平安路支行
金额	人民币(大写)	叁万伍仟壹佰元整		亿 千 百 十 万 千 百 十 元 角 分	￥ 3 5 1 0 0 0 0
票据种类	转账支票	票据张数	1		
票据号码	14025112				
	复核　　记账			收款人开户银行签章	

中国工商银行海州分行平安路支行 2015年12月3日 转讫

此联是收款人开户银行交给收款人的收账通知

业务52

海州市其力制造有限责任公司 产品出库单

仓库：成品库

购货单位：祥云公司　　　　2015年12月18日　　　　编号：2405

产品编号	规格	产品名称	计量单位	数量 应发	数量 实发	单位成本	金额	备注
(略)	(略)	A材料	千克		500			对外销售

二 财务联

供销主管：莫发愁　　保管员：甄仔细　　记账：高桂格　　制单：严尧秋

业务53

海州市其力制造有限责任公司 领料单

购货单位：生产车间　　2015年12月19日　　编号：1210
仓库：原料库

材料类别	材料编号	名称及规格	计量单位	数量		单价	金额	备注
				请领	实发			
（略）	（略）	A材料	千克		100			车间一般性消耗

二 财务联

车间主管：高安全　　保管员：特认真　　记账：高桂格　　制单：艾志丹

业务54

固定资产报废处理单

2015年12月19日

报废项目	电脑	报废原因	自然报废
固定资产清理借方发生额		固定资产清理贷方发生额	
清理支出内容	金额	清理收入内容	金额
固定资产净值	800.00	出售固定资产废料款	
清理费用			
借方合计		贷方合计	
固定资产清理净损失金额：人民币 捌佰元整			¥ 800.00

财务主管：钱一凡　　制单：刘景明　　复核：高桂格

业务55

ICBC 中国工商银行 借款凭证

2015年12月21日　　0099240

借款人	海州市其力制造有限责任公司	贷款账号	500—3891	存款账号	1500345900550016
贷款金额	人民币（大写）壹拾伍万元整			千百十万千百十元角分	¥1 5 0 0 0 0 0 0
用途	周转使用	期限	约定还款日期	2016年6月3日	
		6个月	贷款利率	6%/年	借款合同 500—371
上列贷款已转入借款人指定的账户。					

中国工商银行海州分行平安路支行
2015年12月21日
转讫

复核　　记账

第一联 回单

业务 56

领 料 单

领料单位：生产车间

2015年12月21日

用途	材料名称及规格	计量单位	数量		单价	金额
			请领	实领		
	A材料	千克		600		
	B材料	千克		400		

记账：　发料：　领料负责人：　领料：

业务 58

现金支票存根

支票号码：No 11531703

科目＿＿＿＿＿＿

对方科目＿＿＿＿＿＿

出票日期2015年12月22日

收款人：海州市其力制造有限责任公司
金额：10 000.00元
用途：备用金
备注：

单位主管：　会计：

复核：　记账：

业务 59

ICBC 中国工商银行 电汇凭证（收账通知） 4

☑普通 ☐加急

委托日期 2015年12月22日

汇款人	全称	福达公司	收款人	全称	海州市其力制造有限责任公司
	账号	231789654345698		账号	1500345900550016
	汇出地点	省海州市/县		汇入地点	省海州市/县
汇出行名称		建设银行临港分行	汇入行名称		工商银行海州市分行平安路支行

金额	人民币（大写）	亿	千	百	十	万	千	百	十	元	角	分
	伍仟元整					¥	5	0	0	0	0	0

经查该款项已于2014年9月作坏账损失处理。

中国工商银行海州分行平安路支行 2015年12月22日 转讫

汇入行签章

支付密码

附加信息及用途：

偿还2011年12月所欠海州其力公司的货款。

复核：　记账：　年　月　日

此联给收款人的收账通知

业务60-2-1

中国工商银行 转账支票存根 10203024 00000000 附加信息 出票日期　年　月　日 收款人： 金　额： 用　途： 单位主管　　会计	中国工商银行　转账支票　　10203024　00000000 出票日期（大写）　年　月　日　　付款行名称： 收款人：　　出票人账号： 人民币（大写）　亿 千 百 十 万 千 百 十 元 角 分 付款期限自出票之日起十天 用途 上列款项请从我账户内支付 出票人签章　　密码　　行号 复核　记账

扬州鑫华印刷有限公司2011年印刷

业务60-2-2

保险业专用发票

INSURANCE TRADE INVOICE

发　票　联

INVOICE

发票代码　232000630113

发票号码　No　00074167

开票日期：2015年12月22日

Date of Issue

付款人：海州市其力制造有限责任公司
Payer

承保险种：财产保险
Coverage

保险单号：PQZA200732079900000009　　批单号：PQZA200712079900000016
Policy No.　　End.No.

保险费金额：（大写）人民币壹万贰仟元整　　（小写）RMB12 000.00
Premium Amount(In Word)　　(In Figures)

附件：
Remarks

经手人：胡小平　　复核：谢江艳　　保险公司签章：
Handler　　Checked by　　Stamped by Insurance Company

地址：连云港市海昌北路79号　　电话：85420388　　（手开无效）
Add.　　Tel.　　Not Valid If In Hand Written

江苏省海港印务　江苏省地方税务局监制

第二联　发票联

业务61

中国工商银行特种转账传票(代付款通知)　　0120510

填制日期2015年12月22日

收款单位	全　称	工行海州分行平安路支行	付款单位	全　称	海州市其力制造有限责任公司
	账　号	180100112220193		账　号	1500345900550016
	开户银行	市工行		开户银行	工商银行海州分行平安路支行
人民币（大写）	壹拾贰万元整			千 百 十 万 千 百 十 元 角 分	¥ 1 2 0 0 0 0 0
转账原因	归还已到期的短期借款本金 收款人开户行盖章			科目 对方科目 复核　记账	

业务 62-2-1

汶川行政事业单位收费发票

发票联

发票代码 610000023003

发票号码 25502804

单位或个人名称：海州市其力制造有限责任公司

项目	单位	数量	收费标准	金额 百	十	万	千	百	十	元	角	分	备注
捐款						1	0	0	0	0	0	0	抗震救灾捐款
合计(大写)	壹万元整				¥	1	0	0	0	0	0	0	

② 发票联

收款单位：(章)　　开票人：李彩萍　　收款人：王爱无

(印章：全国统一发票监制章 汶川 国家税务局监制；汶川县红十字协会 410010987667375 发票专用章；2015年12月20日)

业务 62-2-2

ICBC 中国工商银行 电汇凭证（回 单）

委托日期 2015年12月23日

汇款人	全　称	海州市其力制造有限责任公司	收款人	全　称	汶川县红十字协会
	账　号	1500345900550016		账　号	3600480059876
	汇出地点	省海州市/县		汇入地点	四川省汶川市/县
汇出行名称		工行海州分行平安路支行	汇入行名称		工商银行汶川支行

金额	人民币(大写)	亿	千	百	十	万	千	百	十	元	角	分
	壹万元整				¥	1	0	0	0	0	0	0

支付密码

附加信息及用途：

支援抗震救灾捐款。

复核：　　记账：

汇出行签章

(印章：中国工商银行海州分行平安路支行 2015年12月23日 转讫)

此联汇出行给汇款人的回单

业务 63

中国工商银行 进账单(收账通知) 3

2015年12月23日

收款人	全　称	海州市其力制造有限责任公司	付款人	全　称	丽景公司
	账　号	1500345900550016		账　号	114601040000788
	开户银行	工商银行海州分行平安路支行		开户银行	工行太原分行南内环支行

金额	人民币(大写)	亿	千	百	十	万	千	百	十	元	角	分
	肆拾万元整			¥	4	0	0	0	0	0	0	0

票据种类	借款	票据张数	1
票据号码			

复核　　记账

收款人开户银行签章

(印章：中国工商银行海州分行平安路支行 2015年12月23日 转讫)

此联是收款人开户银行交给收款人的收账通知

业务 64

中国工商银行 转账支票存根

支票号码 15203138

附加信息

出票日期 2015年12月23日

收款人：	科创公司
金　额：	40 000.00元
用　途：	转让股权款

单位主管：黄金蓉　　会计：钱进

业务 65

中国建设银行　电汇凭证（收账通知）　4

☑普通　☐加急　　委托日期　2015年12月23日

汇款人	全　称	海都公司	收款人	全　称	海州市其力制造有限责任公司
	账　号	5800060048127		账　号	1500345900550016
汇出行名称		建行东海分行	汇入行名称		工行海州分行平安路支行

金额	人民币（大写）	亿	千	百	十	万	千	百	十	元	角	分
	贰拾万零捌仟伍佰元整			¥	2	0	8	5	0	0	0	0

此汇款已收入取款人账户。

中国工商银行海州分行平安路支行 2015年12月23日 转讫

汇入行签章

支付密码

附加信息及用途：

海都公司预付购货款。

复核：　　记账：　　年　月　日

此联给收款人的收账通知

业务 66

中华人民共和国税收通用缴款书

(2015) 30370323

海国缴 国

注册类型：有限责任公司　　填发日期：2015年12月24日　　征收机关：海州市国税分局

缴款单位(人)	代　码	610100630000199	预算科目	编码	
	全　称	海州市其力制造有限责任公司		名称	所得税、城建税、教育费附加
	开户银行	工商银行海州分行平安路支行		级次	
	账　号	1500345900550016	收款国库		海州市中心支行
税款所属时期		2015年12月　日	税款限缴日期		2015年12月10日

品目名称	课税数量	计税金额或销售收入	税率或单位税额	已缴或扣除额	亿	千	百	十	万	千	百	十	元	角	分
机械制造			17%							2	0	0	0	0	0
金额合计	人民币（大写）贰仟元整								¥	2	0	0	0	0	0

缴款单位(人)（盖章）　经办人（章）

税务机关（盖章）　填票人（章）

上列款项已收妥并划转收款单位账户　国库（银行）盖章　年　月　日

中国工商银行海州分行平安路支行 2015年12月24日 转讫

备注：

逾期不缴按税法规定加收滞纳金

无银行收讫章无效

第一联（收据）国库（银行）收款盖章后退缴款单位（人）作完税凭证

业务 67-2-1

海州增值税专用发票

发票联

3200094620 　　No 03583271

开票日期：2015年12月24日

购买方	名　称：海州市其力制造有限责任公司 纳税人识别号：610100630000199 地址、电话：海州市平安路238号，0518-98706543 开户行及账号：工商银行海州分行平安路支行1500345900550016			密码区	—780/94+8+*2>73*7/346 加密版本：01 —4/2+10828/>6663—/2+ 3200094620 852*0/21906>10*49<23 03583271 44+5//>755>8*07>>+*		
货物或应税劳务、服务名称	规格型号	单位	数量	单价	金额	税率	税额
T机器	T6120	台	1	100 000.00	100 000.00	17%	17 000.00
合　计					100 000.00		17 000.00
价税合计(大写)	⊗壹拾壹万柒仟元整				(小写)¥ 117 000.00		
销售方	名　称：大江机器厂 纳税人识别号：3207052223456891 地址、电话：东海振兴路79号，0518-87567398 开户行及账号：工行振兴支行 260102220004865			备注	大江机器厂 3207052223456891 发票专用章		

第三联 发票联 购买方记账凭证

收款人：徐江艳　　复核：李国立　　开票人：徐小娟　　销售方：(章)

业务 67-2-2

ICBC 中国工商银行　托收凭证（付款通知）　5　No

委托日期 2015年12月24日　　付款期限 2015年12月24日

业务类型	委托收款（☑邮划、☐电划）　托收承付（☐邮划、☐电划）				
付款人	全称	海州市其力制造有限责任公司	收款人	全称	平原市重型机械厂
	账号	1500345900550016		账号	380046190023
	地址	海州省 市/县　开户行：工商银行海州分行平安路支行		地址	平原省 市/县　开户行：工行铜川办
金额	人民币（大写）壹拾壹万柒仟元整	亿 千 百 十 万 千 百 十 元 角 分 ¥ 1 1 7 0 0 0 0 0			
款项内容	货款	托收凭据名称：增值税专用发票		附寄单证张数	2
商品发运情况				合同名称号码	
备注： 付款人开户银行收到日期：2015年12月24日 复核　记账		付款人开户银行签单 2015年12月24日 （中国工商银行海州分行平安路支行 2015年12月24日 转讫）		付款人注意： 1. 根据支付结算办法，上列委托收款（托收承付）款项在付款期限内未提出拒付，即视为同意付款，以此代付款通知。 2. 如需提出全部或部分拒付，应在规定期限内，将拒付理由书并附债务证明退交开户银行。	

此联付款人开户银行给付款人按期付款通知

业务 68-3-1

中国工商银行　转账支票存根

支票号码 15203134

附加信息

出票日期 2015年12月25日

收款人：	海州市晋源安装公司
金　额：	5 000.00元
用　途：	支付设备安装费用

单位主管：黄金蓉　　会计：钱进

（海州市其力制造……财务专用章）

业务 68-3-2

海州建筑业统一机打发票

发 票 联

开票日期　2015年12月25日

发票代码　310001270061
发票号码　12713905

付款单位（个人）海州市其力制造有限责任公司		税控码　3970 7283 8402 7227 7658 机打号码　12713905	
经营项目	单价	数量	金额
安装费			5 000.00
合计金额（大写）　人民币伍仟元整			¥ 5 000.00
收款单位　31……海州市晋源安装公司		机器编号　016500047768 开户银行及账号　工行光明支行　49-360851001720	
税务登记号　310001270061		税控装置打印发票　手写无效	

收款单位（盖章有效）　　收款人：　　开票人：　张一鸣

第一联　发票联

业务 68-3-3

固定资产交接（验收）单

2015年12月25日

编号	名称	规格	型号	计量单位	数量	建造单位		备注
0512	T机器		HT98型	台	1	海州市其力制造有限责任公司		
总价	买价	安装费	运杂费	包装费	其他	原值	预计年限	净残值率
	100 000. 00	5 000. 00				105 000. 00	10年	5%
用途	生产用		使用部门		生产车间		已提折旧	
验收意见	合格，交付使用			验收人签章			陆新华	

财务主管：黄金蓉　　制单：刘景明　　复核：高桂格

业务 69

海州市其力制造有限责任公司　职工生活困难补助申请表

部门	材料库	姓名	劳有财	本人工资收入	3 500. 00元	家庭其他成员收入	1 200.00元
补助原因	妻子病后休养在家，收入减少，而医药费、营养费等支出增加，造成家庭生活一时困难。					补助性质	临时补助
						申请金额	人民币：　贰仟元整
部门意见	建议补助贰仟元整。 裘玉梅 2015年12月2日	工会意见	同意。 张丽芳 2015年12月2日	代收据	今收到 困难补助人民币：　贰仟元整。 领款人：　劳有财 2015年12月2日		

业务 70-3-1

海州市其力制造有限责任公司 产品出库单

仓库：成品库

购货单位：海都公司　　2015年12月27日　　编号：2404

产品编号	规格	产品名称	计量单位	数量 应发	数量 实发	单位成本	金额	备注
(略)	(略)	甲产品	台		100			对外销售

二 财务联

供销主管：莫发愁　　保管员：甄仔细　　记账：钱进　　制单：严尧秋

业务 70-3-2

海州市增值税专用发票

记账联

3102157140　　№ 15452156

开票日期：2015年12月27日

购买方	名　　称：海都公司 纳税人识别号：310235587006790 地址、电话：海州市东海路156号，0518-95350176 开户行及账号：建行东海分行 5800060048127	密码区	(略)

货物或应税劳务、服务名称	规格型号	单位	数量	单价	金额	税率	税额
甲产品			100	3 500.00	350 000.00	17%	59 500.00
价税合计(大写)	⊗ 肆拾万零玖仟伍佰元整				(小写) ¥ 409 500.00		

销售方	名　　称：海州市其力制造有限责任公司 纳税人识别号：610100630000199 地址、电话：海州市平安路238号，0518-98706543 开户行及账号：工商银行海州分行平安路支行 1500345900550016	备注	对方承诺货款于下月15日支付。

第一联 记账联 销售方记账凭证

收款人：张一鸣　　复核：　　开票人：张一鸣　　销售方：(章)

冲销预收账款

全国统一发票监制章 海州 国家税务局监制

海州市其力制造责任有限公司 610100630000199 发票专用章

业务 70-3-3

中国建设银行 电汇凭证（收账通知） 4

☑ 普通 □加急

委托日期 2015年12月27日

汇款人	全称	海都公司	收款人	全称	海州市其力制造有限责任公司
	账号	5800060048127		账号	1500345900550016
汇出行名称		建行东海分行	汇入行名称		工商银行海州分行平安路支行
金额	人民币(大写)	贰拾万零壹仟元整	亿千百十万千百十元角分		¥20100000
此汇款已收入收款人账户。 汇入行签章			支付密码		
			附加信息及用途： 海都公司预付购货款。		
			复核：　记账：　年　月　日		

中国工商银行海州分行平安路支行 2015年12月27日 转讫

此联给收款人的收账通知

业务 71

借　条

2015年12月28日

借款 原因：　预借差旅费	借款人：　王磊 盖章
借款 金额　(大写)　贰仟元整　¥ 2 000.00	备注：

三联：本联在借款结清后退回借款人

业务 72-3-1

海州市其力制造有限责任公司 产品出库单

仓库：成品库

购货单位：王辉　　2×15年12月27日　　编号：2404

产品编号	规格	产品名称	计量单位	数量 应发	数量 实发	单位成本	金额	备注
(略)	(略)	乙产品	台		110			对外销售

供销主管：莫发愁　　保管员：甄仔细　　记账：钱进　　制单：严尧秋

二　财务联

业务 72-3-2

海州市增值税专用发票

记账联

No 15452102

3102157140　　开票日期：2015年12月29日

购买方	名　称：王辉 纳税人识别号： 地址、电话： 开户行及账号：			密码区	(略)		
货物或应税劳务、服务名称	规格型号	单位	数量	单价	金额	税率	税额
乙产品		台	110	4 500.00	495 000.00	17%	84 150.00
合　计					495 000.00		84 150.00
价税合计(大写)	⊗ 伍拾柒万玖仟壹佰伍拾元整				(小写) ¥ 579 150.00		
销售方	名　称：海州市其力制造有限责任公司 纳税人识别号：610100630000199 地址、电话：海州市平安路238号，0518-98706543 开户行及账号：工商银行海州分行平安路支行　1500345900550016			备注	对方承诺货款于下月15日支付		

冲销预收账款

收款人：张一鸣　　复核：　　开票人：张一鸣　　销售方：(章)

第一联　记账联　销售方记账凭证

业务 72-3-3

ICBC 中国工商银行 现金缴款单

2015年12月29日　　　　序号：

客户填写部分	收款人户名	海州市其力制造有限责任公司						
	收款人账号	1500345900550016	收款人开户行	工商银行海州分行平安路支行				
	缴款人	张一鸣	款项来源					
	币种（√） 人民币 ☑ 外币：	大写：伍拾柒万玖仟壹佰伍拾元整		亿 千 百 十 万 千 百 十 元 角 分 ¥ 5 7 9 1 5 0 0 0				
	券别	100元	50元	20元	10元	5元	2元	1元
	张数	5791	1		5			
	辅币（金额）		封包（金额）					
银行打印	上述款项已入账，请核对与银行打印信息一致。							

第二联 收款人入账通知

中国工商银行海州分行平安路支行 2015年12月29日 转讫

(银行打印有效)　　　　收款人：王大忠

业务 73

中国工商银行存（贷）款利息凭证

币种：人民币　　单位：元　　2015年12月31日

付款人 户名	海州市其力制造有限责任公司		收款人 户名	工行海州市分行平安路支行	
付款人 账号	1500345900550016		收款人 账号	260102220004327	
金额	250.00		计息户账号	260102220002752	
借据编号	8833		借据序号		
备注	起息日期	止息日期	积数	利率	利息
	2015年12月22日	2015年12月31日	1 500 000	0.0167%	¥ 250.00
	调整利息：		冲正利息		

第一联 回单

中国工商银行海州市分行平安路支行 2015.12.31 核算用章（03）

银行章：　　　　经办人：杨中前

业务 74-2-1

中国工商银行 转账支票存根

支票号码 15203134

附加信息

出票日期 2015年12月31日

收款人：	海州市方正建筑公司
金　额：	140 000.00
用　途：	支付房屋修理费

海州市其力制造……财务……

单位主管：刘其力　　会计：钱进

业务 74-2-2

海州建筑业统一机打发票

发票联

开票日期　2015年12月31日

发票代码　310001270061
发票号码　12713905

付款单位（个人）　海州市其力制造有限责任公司		税控码　3970 7283 8402 7227 7658 机打号码　12713905	
经营项目	单价	数量	金额
修理费			140 000.00
合计金额（大写）　壹拾肆万元整			¥ 140 000.00
收款单位　海州市方正建筑公司 税务登记号　310001270061		机器编号　016500047768 开户银行及账号　工行海州支行 8954035684767 税控装置打印发票　手写无效	

第一联　发票联

收款单位（盖章有效）　收款人：　开票人：张一鸣

（印章：海州市方正建筑公司 310001270061 发票专用章；发票监制章 海州 国家税务局监制）

业务 75

无法支付应付款项确认单

2015年3月入账的应付海天公司的货款100 000.00元，经当地工商管理部门确认，该公司已于1年前破产倒闭。因此，该款项已无法支付，经公司董事会讨论决定，将该款项作为营业外收入处理。

财务经理：黄金蓉

2015年12月31日

会计主管：黄金蓉　制单：钱进　复核：黄金蓉

业务 76

海州市其力制造有限责任公司　领料单

编号：1210

领料单位：生产车间　2015年12月17日　仓库：原料库

材料类别	材料编号	名称及规格	计量单位	数量		单价	金额	领料用途
				请领	实发			
(略)	(略)	A材料	千克		1 200			生产乙产品
(略)	(略)	B材料	千克		700			
(略)	(略)	C材料	千克		800			

二　财务联

供销主管：高安全　保管员：特认真　记账：高桂格　制单：艾志丹

业务77-2-1

原材料加权平均单位成本计算表

2015年12月31日

金额单位：元

材料名称	期初结存		本期收入		加权平均单位成本
	数 量	金 额	数 量	金 额	
A材料					
B材料					
C材料					
合 计	—	805 000. 00	—	2 755 000. 00	—

会计主管：黄金蓉　　制单：钱进　　复核：黄金蓉

业务77-2-2

发料凭证汇总表

附件9张

2015年12月31日

金额单位：元

项目 / 名称	A材料		B材料		C材料		合 计
	数 量	金 额	数 量	金 额	数 量	金 额	
A材料							
B材料					—		
车间一般耗用			—				
销售部门领用	—		—				
合 计	13 704	1 370 400. 00	13 940	836 400. 00	7 400	651 200. 00	2 858 000. 00

会计主管：黄金蓉　　制单：钱进　　复核：黄金蓉

业务78

工资分配表

2015年12月31日

部门		生产成本	制造费用	销售费用	管理费用	合计
车间生产工人工资	甲产品生产人员					
	乙产品生产人员					
车间管理人员工资						
销售人员工资						
行政管理部门人员工资						

业务79

固定资产折旧计算汇总表

2015年12月31日

金额单位：元

使用部门	固定资产类别	月初固定资产原值	月折旧率	月折旧额
生产车间	房屋及建筑物			
	机器设备			
	小计			
专设销售机构	房屋及建筑物			
	管理用设备			
	小计			
企业管理部门	房屋及建筑物			
	管理用设备			
	小计			
合计				

会计主管：黄金蓉　　制单：钱进　　复核：黄金蓉

业务 80

水电费用计算分配表

2015年12月31日

金额单位：元

项目 / 部门	水费分配			电费分配			总 计
	耗用量（m^3）	单 价	金 额	耗用量（度）	单 价	金 额	
生产车间	2 000	5.00		200 000	0.80		
行政管理部门	2 000	5.00		97 500	0.80		
合 计	4 000			297 500			258 000

会计主管：黄金蓉　　制单：钱进　　复核：黄金蓉

业务 81

制造费用分配表

2015年12月31日

金额单位：元

车间或产品	分配标准（生产工人工资）	分配率	分配金额
甲产品		0.66	
乙产品		0.66	
合计	800 000. 00		528 000. 00

会计主管：黄金蓉　　制单：钱进　　复核：黄金蓉

业务82

海州市其力制造有限责任公司 产品入库单

仓库：成品库

交库单位：生产车间　　2015年12月31日　　编号：2301

产品编号	规格	产品名称	计量单位	数量		单位成本	总成本	备注
				送检	实收			
(略)	(略)	甲产品	台		200			完工入库
(略)	(略)	乙产品	台		120			

二 财务联

车间主管：高安全　　保管员：甄仔细　　记账：钱进　　制单：严尧秋

第十一部分　会计报表的编制

一、编制本期发生额及余额试算平衡表

1. 结账。对所有总分类账和明细分类账进行结账，结出本期发生额和期末余额。根据平行登记的要求将明细账和总账进行核对。

2. 根据总账编制本期发生额及余额试算平衡表。

3. 在试算平衡的基础上对总账进行 12 月及本年度的结账并画线封账。

二、编制资产负债表

1. 根据本期发生额及余额试算平衡表的期末余额栏的数据，结合有关总账及明细账的期末余额进行填列。

2. 填列方法：根据总账期末余额直接填列，根据若干总账余额合计数填列，根据有关明细账期末余额分析计算填列，根据总账和明细账的余额计算分析填列，根据若干总账期末余额相抵后的净额填列。

三、编制利润表

1. 根据损益类账户的本期发生额填列。

2. 填列方法：根据有关总账的本期发生额填列，根据两个总账的本期发生额之和填列，根据表中有关项目的数字计算后填列，根据有关公式计算填列。

总分类账户发生额及余额试算平衡表

2015 年 12 月 31 日　　金额单位:元

会计科目	期初余额		本期发生额		期末余额	
	借方	贷方	借方	贷方	借方	贷方
库存现金						
银行存款						
应收票据						
应收账款						
坏账准备						
预付账款						
其他应收款						
在途物资						
原材料						
库存商品						
固定资产						
累计折旧						
在建工程						
固定资产清理						
无形资产						
累计摊销						
生产成本						
制造费用						
短期借款						
应付票据						
应付账款						

续表

会计科目	期初余额		本期发生额		期末余额	
	借方	贷方	借方	贷方	借方	贷方
预收账款						
应付职工薪酬						
应交税费						
应付利润						
应付利息						
其他应付款						
实收资本						
资本公积						
盈余公积						
利润分配						
本年利润						
主营业收入						
营业外收入						
主营业务成本						
营业外支出						
营业税金及附加						
销售费用						
管理费用						
财务费用						
资产减值损失						
所得税费用						
合计						

资产负债表

会企01表

2015年12月31日

编制单位：（盖章）　　　　单位：元

资　产	期末余额	年初余额	负债及所有者权益	期末余额	年初余额
流动资产		（略）	流动负债		（略）
货币资金			短期借款		
应收票据			应付票据		
应收账款			应付账款		
预付款项			预收款项		
应收利息			应付职工薪酬		
应收股利			应交税费		
其他应收款			应付利息		
存货			应付利润		
持有待售资产			其他应付款		
一年内到期的非流动资产			持有待售负债		
其他流动资产			一年内到期的非流动负债		
流动资产合计			其他流动负债		
非流动资产			流动负债合计		
长期股权投资			非流动负债		
长期应收款			长期借款		
固定资产			应付债券		
无形资产			长期应付款		
开发支出			非流动负债合计		
工程物资			负债合计		
在建工程			所有者权益		
非流动资产合计			实收资本		
			资本公积		
			盈余公积		
			未分配利润		
			其他综合收益		
			所有者权益合计		
资产总计			负债及所有者权益总计		

利　润　表

会企02表

2015年12月

编制单位：（盖章）　　　　　　　　　　　　　　　　单位：元

海州市其力制造有限责任公司

资产项目	行次	本期余额	上期余额
一、营业收入	1		
减：营业成本	3		
营业税金及附加	4		
销售费用	6		
管理费用	7		
财务费用	8		
资产减值损失	11		
加：公允价值变动收益（损失以“—”号填列）	12		
投资收益（损失以“—”号填列）	13		
二、营业利润（亏损以“—”号填列）	16		
加：营业外收入	17		
减：营业外支出	18		
三、利润总额（亏损总额以“—”号填列）	20		
减：所得税费用	22		
四、净利润（净亏损以“—”号填列）	23		
五、其他综合收益税后净额	24		
六、综合收益总额	25		
七、每股收益	26		
（一）基本每股收益	27		
（二）稀释每股收益	28		

第十二部分　会计实训耗材

总号	
分号	

收款凭证

借方科目 ________　　年　月　日　　附件　张

摘要	应贷科目		过账	金额										
	一级科目	二级及明细科目		亿	千	百	十	万	千	百	十	元	角	分

财会主管　　记账　　出纳　　复核　　制单

总号	
分号	

收款凭证

借方科目 ________　　年　月　日　　附件　张

摘要	应贷科目		过账	金额										
	一级科目	二级及明细科目		亿	千	百	十	万	千	百	十	元	角	分

财会主管　　记账　　出纳　　复核　　制单

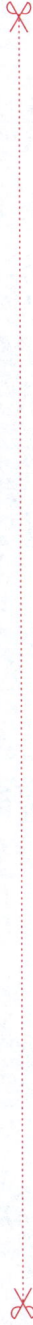

总号	
分号	

收款凭证

借方科目 ______　　　　年　　月　　日　　　　附件　　　　张

摘要	应贷科目		过账	金额										
	一级科目	二级及明细科目		亿	千	百	十	万	千	百	十	元	角	分

财会主管　　　　记账　　　　出纳　　　　复核　　　　制单

总号	
分号	

收款凭证

借方科目 ______　　　　年　　月　　日　　　　附件　　　　张

摘要	应贷科目		过账	金额										
	一级科目	二级及明细科目		亿	千	百	十	万	千	百	十	元	角	分

财会主管　　　　记账　　　　出纳　　　　复核　　　　制单

总号	
分号	

收款凭证

借方科目 ________　　　　年　　月　　日　　　　附件　　　　张

摘要	应贷科目		过账	金额										
	一级科目	二级及明细科目		亿	千	百	十	万	千	百	十	元	角	分

财会主管　　　　记账　　　　出纳　　　　复核　　　　制单

总号	
分号	

收款凭证

借方科目 ________　　　　年　　月　　日　　　　附件　　　　张

摘要	应贷科目		过账	金额										
	一级科目	二级及明细科目		亿	千	百	十	万	千	百	十	元	角	分

财会主管　　　　记账　　　　出纳　　　　复核　　　　制单

总号	
分号	

收款凭证

借方科目 ________　　　　年　　月　　日　　　　附件　　张

摘要	应贷科目		过账	金额									
	一级科目	二级及明细科目		亿	千	百	十	万	千	百	十	元	角	分

财会主管　　记账　　出纳　　复核　　制单

总号	
分号	

收款凭证

借方科目 ________　　　　年　　月　　日　　　　附件　　张

摘要	应贷科目		过账	金额									
	一级科目	二级及明细科目		亿	千	百	十	万	千	百	十	元	角	分

财会主管　　记账　　出纳　　复核　　制单

总号	
分号	

收款凭证

借方科目 ______　　　　年　月　日　　　　附件　　张

摘要	应贷科目		过账	金额										
	一级科目	二级及明细科目		亿	千	百	十	万	千	百	十	元	角	分

财会主管　　记账　　出纳　　复核　　制单

总号	
分号	

收款凭证

借方科目 ______　　　　年　月　日　　　　附件　　张

摘要	应贷科目		过账	金额										
	一级科目	二级及明细科目		亿	千	百	十	万	千	百	十	元	角	分

财会主管　　记账　　出纳　　复核　　制单

总号	
分号	

收款凭证

借方科目 ………… 年 月 日 附件 张

摘要	应贷科目		过账	金额										
	一级科目	二级及明细科目		亿	千	百	十	万	千	百	十	元	角	分

财会主管 记账 出纳 复核 制单

总号	
分号	

收款凭证

借方科目 ………… 年 月 日 附件 张

摘要	应贷科目		过账	金额										
	一级科目	二级及明细科目		亿	千	百	十	万	千	百	十	元	角	分

财会主管 记账 出纳 复核 制单

总号	
分号	

收 款 凭 证

借方科目 ______ 年 月 日 附件 张

摘 要	应 贷 科 目		过账	金 额									
	一级科目	二级及明细科目		亿	千	百	十	万	千	百	十	元	角	分

财会主管 记账 出纳 复核 制单

总号	
分号	

收 款 凭 证

借方科目 ______ 年 月 日 附件 张

摘 要	应 贷 科 目		过账	金 额									
	一级科目	二级及明细科目		亿	千	百	十	万	千	百	十	元	角	分

财会主管 记账 出纳 复核 制单

总号	
分号	

收 款 凭 证

借方科目 ________　　　　年　　月　　日　　　　附件　　　　张

摘要	应贷科目		过账	金额										
	一级科目	二级及明细科目		亿	千	百	十	万	千	百	十	元	角	分

财会主管　　　　记账　　　　出纳　　　　复核　　　　制单

总号	
分号	

收 款 凭 证

借方科目 ________　　　　年　　月　　日　　　　附件　　　　张

摘要	应贷科目		过账	金额										
	一级科目	二级及明细科目		亿	千	百	十	万	千	百	十	元	角	分

财会主管　　　　记账　　　　出纳　　　　复核　　　　制单

总号	
分号	

收款凭证

借方科目 ________　　　　年　　月　　日　　　　附件　　　　张

摘要	应贷科目		过账	金额										
	一级科目	二级及明细科目		亿	千	百	十	万	千	百	十	元	角	分

财会主管　　　　记账　　　　出纳　　　　复核　　　　制单

总号	
分号	

收款凭证

借方科目 ________　　　　年　　月　　日　　　　附件　　　　张

摘要	应贷科目		过账	金额										
	一级科目	二级及明细科目		亿	千	百	十	万	千	百	十	元	角	分

财会主管　　　　记账　　　　出纳　　　　复核　　　　制单

总号	
分号	

收款凭证

借方科目＿＿＿＿＿＿　　　　年　　月　　日　　　　附件　　　　张

摘要	应贷科目		过账	金额									
	一级科目	二级及明细科目		亿	千	百	十	万	千	百	十	元	角	分

财会主管　　　　记账　　　　出纳　　　　复核　　　　制单

总号	
分号	

收款凭证

借方科目＿＿＿＿＿＿　　　　年　　月　　日　　　　附件　　　　张

摘要	应贷科目		过账	金额									
	一级科目	二级及明细科目		亿	千	百	十	万	千	百	十	元	角	分

财会主管　　　　记账　　　　出纳　　　　复核　　　　制单

总号	
分号	

收 款 凭 证

借方科目 ________　　　　年　　月　　日　　　　附件　　　张

摘要	应贷科目		过账	金额										
	一级科目	二级及明细科目		亿	千	百	十	万	千	百	十	元	角	分

财会主管　　　　记账　　　　出纳　　　　复核　　　　制单

总号	
分号	

收 款 凭 证

借方科目 ________　　　　年　　月　　日　　　　附件　　　张

摘要	应贷科目		过账	金额										
	一级科目	二级及明细科目		亿	千	百	十	万	千	百	十	元	角	分

财会主管　　　　记账　　　　出纳　　　　复核　　　　制单

总号	
分号	

付 款 凭 证

贷方科目 ………… 年 月 日 附件 张

摘要	应借科目		过账	金额										
	一级科目	二级及明细科目		亿	千	百	十	万	千	百	十	元	角	分
合计														

财会主管 记账 出纳 复核 制单 领款人签章

总号	
分号	

付 款 凭 证

贷方科目 ………… 年 月 日 附件 张

摘要	应借科目		过账	金额										
	一级科目	二级及明细科目		亿	千	百	十	万	千	百	十	元	角	分
合计														

财会主管 记账 出纳 复核 制单 领款人签章

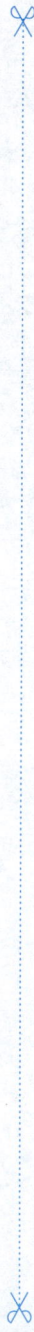

总号	
分号	

付款凭证

贷方科目________ 年 月 日 附件 张

摘要	应借科目		过账	金额										
	一级科目	二级及明细科目		亿	千	百	十	万	千	百	十	元	角	分
合计														

财会主管 记账 出纳 复核 制单 领款人签章

总号	
分号	

付款凭证

贷方科目________ 年 月 日 附件 张

摘要	应借科目		过账	金额										
	一级科目	二级及明细科目		亿	千	百	十	万	千	百	十	元	角	分
合计														

财会主管 记账 出纳 复核 制单 领款人签章

总号	
分号	

付　款　凭　证

贷方科目 ....　　　　年　　月　　日　　　　附件　　　　张

摘要	应借科目		过账	金额										
	一级科目	二级及明细科目		亿	千	百	十	万	千	百	十	元	角	分
合计														

财会主管　　记账　　出纳　　复核　　制单　　领款人签章

总号	
分号	

付　款　凭　证

贷方科目 ....　　　　年　　月　　日　　　　附件　　　　张

摘要	应借科目		过账	金额										
	一级科目	二级及明细科目		亿	千	百	十	万	千	百	十	元	角	分
合计														

财会主管　　记账　　出纳　　复核　　制单　　领款人签章

											总号			
											分号			

付 款 凭 证

贷方科目 ……………… 年 月 日 附件 张

摘要	应借科目		过账	金额									
	一级科目	二级及明细科目		亿	千	百	十	万	千	百	十	元	角	分
合计														

财会主管 记账 出纳 复核 制单 领款人签章

总号		
分号		

付 款 凭 证

贷方科目 ……………… 年 月 日 附件 张

摘要	应借科目		过账	金额										
	一级科目	二级及明细科目		亿	千	百	十	万	千	百	十	元	角	分
合计														

财会主管 记账 出纳 复核 制单 领款人签章

总号	
分号	

付款凭证

贷方科目 ……………　　　　年　　月　　日　　　　附件　　　　张

摘要	应借科目		过账	金额										
	一级科目	二级及明细科目		亿	千	百	十	万	千	百	十	元	角	分
合计														

财会主管　　记账　　出纳　　复核　　制单　　领款人签章

总号	
分号	

付款凭证

贷方科目 ……………　　　　年　　月　　日　　　　附件　　　　张

摘要	应借科目		过账	金额										
	一级科目	二级及明细科目		亿	千	百	十	万	千	百	十	元	角	分
合计														

财会主管　　记账　　出纳　　复核　　制单　　领款人签章

总号	
分号	

付 款 凭 证

贷方科目________　　　　年　　月　　日　　　　附件　　　　张

摘要	应借科目		过账	金额										
	一级科目	二级及明细科目		亿	千	百	十	万	千	百	十	元	角	分
合计														

财会主管　　　记账　　　出纳　　　复核　　　制单　　　领款人签章

总号	
分号	

付 款 凭 证

贷方科目________　　　　年　　月　　日　　　　附件　　　　张

摘要	应借科目		过账	金额										
	一级科目	二级及明细科目		亿	千	百	十	万	千	百	十	元	角	分
合计														

财会主管　　　记账　　　出纳　　　复核　　　制单　　　领款人签章

总号	
分号	

付 款 凭 证

贷方科目 ________ 年 月 日 附件 张

摘要	应借科目		过账	金额										
	一级科目	二级及明细科目		亿	千	百	十	万	千	百	十	元	角	分
合计														

财会主管 记账 出纳 复核 制单 领款人签章

总号	
分号	

付 款 凭 证

贷方科目 ________ 年 月 日 附件 张

摘要	应借科目		过账	金额										
	一级科目	二级及明细科目		亿	千	百	十	万	千	百	十	元	角	分
合计														

财会主管 记账 出纳 复核 制单 领款人签章

总号	
分号	

付 款 凭 证

贷方科目 ……………… 年 月 日 附件 张

摘要	应借科目		过账	金额										
	一级科目	二级及明细科目		亿	千	百	十	万	千	百	十	元	角	分
合计														

财会主管 记账 出纳 复核 制单 领款人签章

总号	
分号	

付 款 凭 证

贷方科目 ……………… 年 月 日 附件 张

摘要	应借科目		过账	金额										
	一级科目	二级及明细科目		亿	千	百	十	万	千	百	十	元	角	分
合计														

财会主管 记账 出纳 复核 制单 领款人签章

总号	
分号	

付 款 凭 证

贷方科目 .... 年 月 日 附件 张

摘要	应借科目		过账	金额									
	一级科目	二级及明细科目		亿	千	百	十	万	千	百	十	元	角	分
合计														

财会主管 记账 出纳 复核 制单 领款人签章

总号	
分号	

付 款 凭 证

贷方科目 .... 年 月 日 附件 张

摘要	应借科目		过账	金额									
	一级科目	二级及明细科目		亿	千	百	十	万	千	百	十	元	角	分
合计														

财会主管 记账 出纳 复核 制单 领款人签章

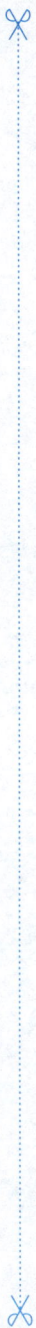

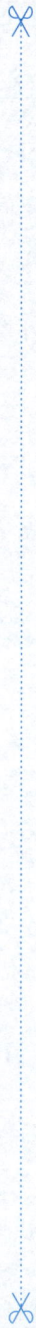

总号
分号

付 款 凭 证

贷方科目 ………… 年 月 日 附件 张

摘 要	应借科目		过账	金额									
	一级科目	二级及明细科目		亿	千	百	十	万	千	百	十	元	角	分
合计														

财会主管 记账 出纳 复核 制单 领款人签章

总号
分号

付 款 凭 证

贷方科目 ………… 年 月 日 附件 张

摘 要	应借科目		过账	金额									
	一级科目	二级及明细科目		亿	千	百	十	万	千	百	十	元	角	分
合计														

财会主管 记账 出纳 复核 制单 领款人签章

总号	
分号	

付 款 凭 证

贷方科目 ________　　　　年　　月　　日　　　　附件　　　　张

摘要	应借科目		过账	金额										
	一级科目	二级及明细科目		亿	千	百	十	万	千	百	十	元	角	分
合计														

财会主管　　记账　　出纳　　复核　　制单　　领款人签章

总号	
分号	

付 款 凭 证

贷方科目 ________　　　　年　　月　　日　　　　附件　　　　张

摘要	应借科目		过账	金额										
	一级科目	二级及明细科目		亿	千	百	十	万	千	百	十	元	角	分
合计														

财会主管　　记账　　出纳　　复核　　制单　　领款人签章

总号	
分号	

付　款　凭　证

贷方科目 ________　　　　年　　月　　日　　　　附件　　　　张

摘　要	应借科目		过账	金额										
	一级科目	二级及明细科目		亿	千	百	十	万	千	百	十	元	角	分
合计														

财会主管　　　记账　　　出纳　　　复核　　　制单　　　领款人签章

总号	
分号	

付　款　凭　证

贷方科目 ________　　　　年　　月　　日　　　　附件　　　　张

摘　要	应借科目		过账	金额										
	一级科目	二级及明细科目		亿	千	百	十	万	千	百	十	元	角	分
合计														

财会主管　　　记账　　　出纳　　　复核　　　制单　　　领款人签章

总号	
分号	

付 款 凭 证

贷方科目 ………… 年 月 日 附件 张

摘要	应借科目		过账	金额										
	一级科目	二级及明细科目		亿	千	百	十	万	千	百	十	元	角	分
合计														

财会主管　记账　出纳　复核　制单　领款人签章

总号	
分号	

付 款 凭 证

贷方科目 ………… 年 月 日 附件 张

摘要	应借科目		过账	金额										
	一级科目	二级及明细科目		亿	千	百	十	万	千	百	十	元	角	分
合计														

财会主管　记账　出纳　复核　制单　领款人签章

总号	
分号	

付 款 凭 证

贷方科目 ________　　　　年　　月　　日　　　　附件　　　　张

摘要	应借科目		过账	金额									
	一级科目	二级及明细科目		亿	千	百	十	万	千	百	十	元	角	分
合计														

财会主管　　记账　　出纳　　复核　　制单　　领款人签章

总号	
分号	

付 款 凭 证

贷方科目 ________　　　　年　　月　　日　　　　附件　　　　张

摘要	应借科目		过账	金额									
	一级科目	二级及明细科目		亿	千	百	十	万	千	百	十	元	角	分
合计														

财会主管　　记账　　出纳　　复核　　制单　　领款人签章

总号	
分号	

付款凭证

贷方科目 ________　　　年　月　日　　　附件　　张

摘要	应借科目		过账	金额										
	一级科目	二级及明细科目		亿	千	百	十	万	千	百	十	元	角	分
合计														

财会主管　　记账　　出纳　　复核　　制单　　领款人签章

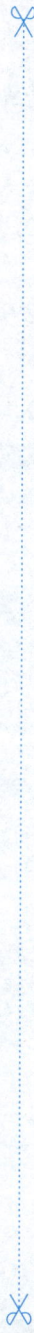

总号	
分号	

付款凭证

贷方科目 ________　　　年　月　日　　　附件　　张

摘要	应借科目		过账	金额										
	一级科目	二级及明细科目		亿	千	百	十	万	千	百	十	元	角	分
合计														

财会主管　　记账　　出纳　　复核　　制单　　领款人签章

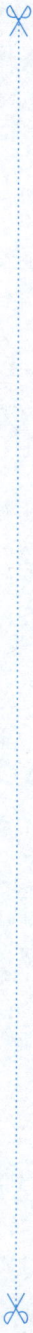

总号	
分号	

付款凭证

贷方科目＿＿＿＿　　　　年　　月　　日　　　　附件　　　　张

摘要	应借科目		过账	金额										
	一级科目	二级及明细科目		亿	千	百	十	万	千	百	十	元	角	分
合计														

财会主管　　　记账　　　出纳　　　复核　　　制单　　　领款人签章

总号	
分号	

付款凭证

贷方科目＿＿＿＿　　　　年　　月　　日　　　　附件　　　　张

摘要	应借科目		过账	金额										
	一级科目	二级及明细科目		亿	千	百	十	万	千	百	十	元	角	分
合计														

财会主管　　　记账　　　出纳　　　复核　　　制单　　　领款人签章

总号	
分号	

付 款 凭 证

贷方科目 ________　　　　年　　月　　日　　　　附件　　　　张

摘要	应借科目		过账	金额										
	一级科目	二级及明细科目		亿	千	百	十	万	千	百	十	元	角	分
合计														

财会主管　　记账　　出纳　　复核　　制单　　领款人签章

总号	
分号	

付 款 凭 证

贷方科目 ________　　　　年　　月　　日　　　　附件　　　　张

摘要	应借科目		过账	金额										
	一级科目	二级及明细科目		亿	千	百	十	万	千	百	十	元	角	分
合计														

财会主管　　记账　　出纳　　复核　　制单　　领款人签章

总号	
分号	

付款凭证

贷方科目＿＿＿＿＿　　　　年　　月　　日　　　　附件　　　张

摘要	应借科目		过账	金额										
	一级科目	二级及明细科目		亿	千	百	十	万	千	百	十	元	角	分
合计														

财会主管　　　记账　　　出纳　　　复核　　　制单　　　领款人签章

总号	
分号	

付款凭证

贷方科目＿＿＿＿＿　　　　年　　月　　日　　　　附件　　　张

摘要	应借科目		过账	金额										
	一级科目	二级及明细科目		亿	千	百	十	万	千	百	十	元	角	分
合计														

财会主管　　　记账　　　出纳　　　复核　　　制单　　　领款人签章

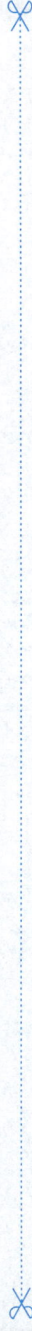

总号	
分号	

付款凭证

贷方科目＿＿＿＿＿＿　　年　月　日　　附件　　张

摘要	应借科目		过账	金额										
	一级科目	二级及明细科目		亿	千	百	十	万	千	百	十	元	角	分
合计														

财会主管　　记账　　出纳　　复核　　制单　　领款人签章

总号	
分号	

付款凭证

贷方科目＿＿＿＿＿＿　　年　月　日　　附件　　张

摘要	应借科目		过账	金额										
	一级科目	二级及明细科目		亿	千	百	十	万	千	百	十	元	角	分
合计														

财会主管　　记账　　出纳　　复核　　制单　　领款人签章

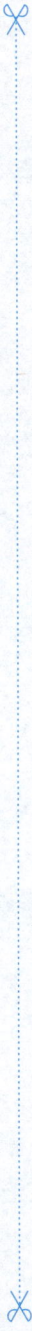

总号	
分号	

付款凭证

贷方科目 ……………… 年 月 日 附件 张

摘要	应借科目		过账	金额										
	一级科目	二级及明细科目		亿	千	百	十	万	千	百	十	元	角	分
合计														

财会主管 记账 出纳 复核 制单 领款人签章

总号	
分号	

付款凭证

贷方科目 ……………… 年 月 日 附件 张

摘要	应借科目		过账	金额										
	一级科目	二级及明细科目		亿	千	百	十	万	千	百	十	元	角	分
合计														

财会主管 记账 出纳 复核 制单 领款人签章

总号	
分号	

付款凭证

贷方科目 ....　　　　年　　月　　日　　　　附件　　　　张

摘要	应借科目		过账	金额										
	一级科目	二级及明细科目		亿	千	百	十	万	千	百	十	元	角	分
合计														

财会主管　　　记账　　　出纳　　　复核　　　制单　　　领款人签章

总号	
分号	

付款凭证

贷方科目 ....　　　　年　　月　　日　　　　附件　　　　张

摘要	应借科目		过账	金额										
	一级科目	二级及明细科目		亿	千	百	十	万	千	百	十	元	角	分
合计														

财会主管　　　记账　　　出纳　　　复核　　　制单　　　领款人签章

总号	
分号	

转 账 凭 证

年 月 日　　附件 张

摘要	一级科目	二级明细科目	过账	借方金额										贷方金额									
				千	百	十	万	千	百	十	元	角	分	千	百	十	万	千	百	十	元	角	分
合计																							

财会主管　　复核　　记账　　制单

总号	
分号	

转 账 凭 证

年 月 日　　附件 张

摘要	一级科目	二级明细科目	过账	借方金额										贷方金额									
				千	百	十	万	千	百	十	元	角	分	千	百	十	万	千	百	十	元	角	分
合计																							

财会主管　　复核　　记账　　制单

总号	
分号	

转账凭证

年　　月　　日　　　　　　　　附件　　　　张

摘要	一级科目	二级明细科目	过账	借方金额										贷方金额									
				千	百	十	万	千	百	十	元	角	分	千	百	十	万	千	百	十	元	角	分
合计																							

财会主管　　　　　　复核　　　　　　记账　　　　　　制单

总号	
分号	

转账凭证

年　　月　　日　　　　　　　　附件　　　　张

摘要	一级科目	二级明细科目	过账	借方金额										贷方金额									
				千	百	十	万	千	百	十	元	角	分	千	百	十	万	千	百	十	元	角	分
合计																							

财会主管　　　　　　复核　　　　　　记账　　　　　　制单

总号
分号

转　账　凭　证

年　　月　　日　　　　附件　　　　张

摘　要	一级科目	二级明细科目	过账	借方金额										贷方金额									
				千	百	十	万	千	百	十	元	角	分	千	百	十	万	千	百	十	元	角	分
合计																							

财会主管　　　　复核　　　　记账　　　　制单

总号
分号

转　账　凭　证

年　　月　　日　　　　附件　　　　张

摘　要	一级科目	二级明细科目	过账	借方金额										贷方金额									
				千	百	十	万	千	百	十	元	角	分	千	百	十	万	千	百	十	元	角	分
合计																							

财会主管　　　　复核　　　　记账　　　　制单

总号	
分号	

转 账 凭 证

年 月 日　　　　　　　　附件　　　　张

摘 要	一级科目	二级明细科目	过账	借方金额										贷方金额									
				千	百	十	万	千	百	十	元	角	分	千	百	十	万	千	百	十	元	角	分
合计																							

财会主管　　　　复核　　　　记账　　　　制单

总号	
分号	

转 账 凭 证

年 月 日　　　　　　　　附件　　　　张

摘 要	一级科目	二级明细科目	过账	借方金额										贷方金额									
				千	百	十	万	千	百	十	元	角	分	千	百	十	万	千	百	十	元	角	分
合计																							

财会主管　　　　复核　　　　记账　　　　制单

总号	
分号	

转 账 凭 证

年　　月　　日　　　　　　　　附件　　　　张

摘　要	一级科目	二级明细科目	过账	借方金额										贷方金额									
				千	百	十	万	千	百	十	元	角	分	千	百	十	万	千	百	十	元	角	分
合计																							

财会主管　　　　复核　　　　记账　　　　制单

总号	
分号	

转 账 凭 证

年　　月　　日　　　　　　　　附件　　　　张

摘　要	一级科目	二级明细科目	过账	借方金额										贷方金额									
				千	百	十	万	千	百	十	元	角	分	千	百	十	万	千	百	十	元	角	分
合计																							

财会主管　　　　复核　　　　记账　　　　制单

总号	
分号	

转 账 凭 证

年 月 日　　　　附件 张

摘要	一级科目	二级明细科目	过账	借方金额										贷方金额									
				千	百	十	万	千	百	十	元	角	分	千	百	十	万	千	百	十	元	角	分
合计																							

财会主管　　复核　　记账　　制单

总号	
分号	

转 账 凭 证

年 月 日　　　　附件 张

摘要	一级科目	二级明细科目	过账	借方金额										贷方金额									
				千	百	十	万	千	百	十	元	角	分	千	百	十	万	千	百	十	元	角	分
合计																							

财会主管　　复核　　记账　　制单

总号	
分号	

转账凭证

年　月　日　　　　附件　　张

摘要	一级科目	二级明细科目	过账	借方金额										贷方金额									
				千	百	十	万	千	百	十	元	角	分	千	百	十	万	千	百	十	元	角	分
合计																							

财会主管　　复核　　记账　　制单

总号	
分号	

转账凭证

年　月　日　　　　附件　　张

摘要	一级科目	二级明细科目	过账	借方金额										贷方金额									
				千	百	十	万	千	百	十	元	角	分	千	百	十	万	千	百	十	元	角	分
合计																							

财会主管　　复核　　记账　　制单

总号	
分号	

转 账 凭 证

年　　月　　日　　　　　　　　　　附件　　　　　张

摘　要	一级科目	二级明细科目	过账	借方金额										贷方金额									
				千	百	十	万	千	百	十	元	角	分	千	百	十	万	千	百	十	元	角	分
合计																							

财会主管　　　　　　复核　　　　　　记账　　　　　　制单

总号	
分号	

转 账 凭 证

年　　月　　日　　　　　　　　　　附件　　　　　张

摘　要	一级科目	二级明细科目	过账	借方金额										贷方金额									
				千	百	十	万	千	百	十	元	角	分	千	百	十	万	千	百	十	元	角	分
合计																							

财会主管　　　　　　复核　　　　　　记账　　　　　　制单

总号	
分号	

转 账 凭 证

年　　月　　日　　　　　　　　　　附件　　　　张

摘要	一级科目	二级明细科目	过账	借方金额										贷方金额									
				千	百	十	万	千	百	十	元	角	分	千	百	十	万	千	百	十	元	角	分
合计																							

财会主管　　　　复核　　　　记账　　　　制单

总号	
分号	

转 账 凭 证

年　　月　　日　　　　　　　　　　附件　　　　张

摘要	一级科目	二级明细科目	过账	借方金额										贷方金额									
				千	百	十	万	千	百	十	元	角	分	千	百	十	万	千	百	十	元	角	分
合计																							

财会主管　　　　复核　　　　记账　　　　制单

总号	
分号	

转 账 凭 证

年 月 日　　　　附件　　张

摘要	一级科目	二级明细科目	过账	借方金额										贷方金额									
				千	百	十	万	千	百	十	元	角	分	千	百	十	万	千	百	十	元	角	分
合计																							

财会主管　　复核　　记账　　制单

总号	
分号	

转 账 凭 证

年 月 日　　　　附件　　张

摘要	一级科目	二级明细科目	过账	借方金额										贷方金额									
				千	百	十	万	千	百	十	元	角	分	千	百	十	万	千	百	十	元	角	分
合计																							

财会主管　　复核　　记账　　制单

总号	
分号	

转账凭证

年　月　日　　　　附件　　张

摘要	一级科目	二级明细科目	过账	借方金额										贷方金额									
				千	百	十	万	千	百	十	元	角	分	千	百	十	万	千	百	十	元	角	分
合计																							

财会主管　　复核　　记账　　制单

总号	
分号	

转账凭证

年　月　日　　　　附件　　张

摘要	一级科目	二级明细科目	过账	借方金额										贷方金额									
				千	百	十	万	千	百	十	元	角	分	千	百	十	万	千	百	十	元	角	分
合计																							

财会主管　　复核　　记账　　制单

总号	
分号	

转 账 凭 证

年　　月　　日　　　　　　附件　　　　张

摘要	一级科目	二级明细科目	过账	借方金额									贷方金额								
				千	百	十	万	千	百	十	元	角	分	千	百	十	万	千	百	十	元	角	分
合计																					

财会主管　　　　复核　　　　记账　　　　制单

总号	
分号	

转 账 凭 证

年　　月　　日　　　　　　附件　　　　张

摘要	一级科目	二级明细科目	过账	借方金额									贷方金额								
				千	百	十	万	千	百	十	元	角	分	千	百	十	万	千	百	十	元	角	分
合计																					

财会主管　　　　复核　　　　记账　　　　制单

总号	
分号	

转 账 凭 证

年　月　日　　　　附件　　张

摘要	一级科目	二级明细科目	过账	借方金额									贷方金额								
				千	百	十	万	千	百	十	元	角	分	千	百	十	万	千	百	十	元	角	分
合计																					

财会主管　　复核　　记账　　制单

总号	
分号	

转 账 凭 证

年　月　日　　　　附件　　张

摘要	一级科目	二级明细科目	过账	借方金额									贷方金额								
				千	百	十	万	千	百	十	元	角	分	千	百	十	万	千	百	十	元	角	分
合计																					

财会主管　　复核　　记账　　制单

总号	
分号	

转　账　凭　证

年　　月　　日　　　　　　　　附件　　　　张

摘　要	一级科目	二级明细科目	过账	借方金额									贷方金额								
				千	百	十	万	千	百	十	元	角	分	千	百	十	万	千	百	十	元
合计																					

财会主管　　　　复核　　　　记账　　　　制单

总号	
分号	

转　账　凭　证

年　　月　　日　　　　　　　　附件　　　　张

摘　要	一级科目	二级明细科目	过账	借方金额									贷方金额								
				千	百	十	万	千	百	十	元	角	分	千	百	十	万	千	百	十	元
合计																					

财会主管　　　　复核　　　　记账　　　　制单

总号	
分号	

转账凭证

年　月　日　　　　附件　　张

摘要	一级科目	二级明细科目	过账	借方金额										贷方金额									
				千	百	十	万	千	百	十	元	角	分	千	百	十	万	千	百	十	元	角	分
合计																							

财会主管　　复核　　记账　　制单

总号	
分号	

转账凭证

年　月　日　　　　附件　　张

摘要	一级科目	二级明细科目	过账	借方金额										贷方金额									
				千	百	十	万	千	百	十	元	角	分	千	百	十	万	千	百	十	元	角	分
合计																							

财会主管　　复核　　记账　　制单

总号	
分号	

转 账 凭 证

年　　月　　日　　　　　　　　附件　　　　张

摘要	一级科目	二级明细科目	过账	借方金额										贷方金额									
				千	百	十	万	千	百	十	元	角	分	千	百	十	万	千	百	十	元	角	分
合计																							

财会主管　　　　　　复核　　　　　　记账　　　　　　制单

总号	
分号	

转 账 凭 证

年　　月　　日　　　　　　　　附件　　　　张

摘要	一级科目	二级明细科目	过账	借方金额										贷方金额									
				千	百	十	万	千	百	十	元	角	分	千	百	十	万	千	百	十	元	角	分
合计																							

财会主管　　　　　　复核　　　　　　记账　　　　　　制单

总号	
分号	

转 账 凭 证

年　　月　　日　　　　　　　　附件　　　　张

摘要	一级科目	二级明细科目	过账	借方金额										贷方金额									
				千	百	十	万	千	百	十	元	角	分	千	百	十	万	千	百	十	元	角	分
合计																							

财会主管　　　　复核　　　　记账　　　　制单

总号	
分号	

转 账 凭 证

年　　月　　日　　　　　　　　附件　　　　张

摘要	一级科目	二级明细科目	过账	借方金额										贷方金额									
				千	百	十	万	千	百	十	元	角	分	千	百	十	万	千	百	十	元	角	分
合计																							

财会主管　　　　复核　　　　记账　　　　制单

总号	
分号	

转 账 凭 证

年　　月　　日　　　　　　附件　　　　张

摘　　要	一级科目	二级明细科目	过账	借方金额									贷方金额								
				千	百	十	万	千	百	十	元	角	分	千	百	十	万	千	百	十	元	角	分
合计																							

财会主管　　　　　　复核　　　　　　记账　　　　　　制单

总号	
分号	

转 账 凭 证

年　　月　　日　　　　　　附件　　　　张

摘　　要	一级科目	二级明细科目	过账	借方金额										贷方金额									
				千	百	十	万	千	百	十	元	角	分	千	百	十	万	千	百	十	元	角	分
合计																							

财会主管　　　　　　复核　　　　　　记账　　　　　　制单

总号	
分号	

转 账 凭 证

年 月 日　　　　附件　　张

摘要	一级科目	二级明细科目	过账	借方金额										贷方金额									
				千	百	十	万	千	百	十	元	角	分	千	百	十	万	千	百	十	元	角	分
合计																							

财会主管　　复核　　记账　　制单

总号	
分号	

转 账 凭 证

年 月 日　　　　附件　　张

摘要	一级科目	二级明细科目	过账	借方金额										贷方金额									
				千	百	十	万	千	百	十	元	角	分	千	百	十	万	千	百	十	元	角	分
合计																							

财会主管　　复核　　记账　　制单

总号
分号

转 账 凭 证

年 月 日 附件 张

摘要	一级科目	二级明细科目	过账	借方金额										贷方金额									
				千	百	十	万	千	百	十	元	角	分	千	百	十	万	千	百	十	元	角	分
合计																							

财会主管 复核 记账 制单

总号
分号

转 账 凭 证

年 月 日 附件 张

摘要	一级科目	二级明细科目	过账	借方金额										贷方金额									
				千	百	十	万	千	百	十	元	角	分	千	百	十	万	千	百	十	元	角	分
合计																							

财会主管 复核 记账 制单

总号	
分号	

转账凭证

年　月　日　　　　附件　　张

摘要	一级科目	二级明细科目	过账	借方金额									贷方金额								
				千	百	十	万	千	百	十	元	角	分	千	百	十	万	千	百	十	元	角	分
合计																					

财会主管　　　　复核　　　　记账　　　　制单

总号	
分号	

转账凭证

年　月　日　　　　附件　　张

摘要	一级科目	二级明细科目	过账	借方金额									贷方金额								
				千	百	十	万	千	百	十	元	角	分	千	百	十	万	千	百	十	元	角	分
合计																					

财会主管　　　　复核　　　　记账　　　　制单

总号	
分号	

转账凭证

年　月　日　　　　附件　　张

摘要	一级科目	二级明细科目	过账	借方金额										贷方金额									
				千	百	十	万	千	百	十	元	角	分	千	百	十	万	千	百	十	元	角	分
合计																							

财会主管　　复核　　记账　　制单

总号	
分号	

转账凭证

年　月　日　　　　附件　　张

摘要	一级科目	二级明细科目	过账	借方金额										贷方金额									
				千	百	十	万	千	百	十	元	角	分	千	百	十	万	千	百	十	元	角	分
合计																							

财会主管　　复核　　记账　　制单

总号	
分号	

转账凭证

年　　月　　日　　　　　　　　附件　　　　张

摘要	一级科目	二级明细科目	过账	借方金额										贷方金额									
				千	百	十	万	千	百	十	元	角	分	千	百	十	万	千	百	十	元	角	分
合计																							

财会主管　　　　复核　　　　记账　　　　制单

总号	
分号	

转账凭证

年　　月　　日　　　　　　　　附件　　　　张

摘要	一级科目	二级明细科目	过账	借方金额										贷方金额									
				千	百	十	万	千	百	十	元	角	分	千	百	十	万	千	百	十	元	角	分
合计																							

财会主管　　　　复核　　　　记账　　　　制单

总号	
分号	

转 账 凭 证

年 月 日 附件 张

摘要	一级科目	二级明细科目	过账	借方金额										贷方金额									
				千	百	十	万	千	百	十	元	角	分	千	百	十	万	千	百	十	元	角	分
合计																							

财会主管 复核 记账 制单

总号	
分号	

转 账 凭 证

年 月 日 附件 张

摘要	一级科目	二级明细科目	过账	借方金额										贷方金额									
				千	百	十	万	千	百	十	元	角	分	千	百	十	万	千	百	十	元	角	分
合计																							

财会主管 复核 记账 制单

编号：　　　　　　　　附件共　　　张

记账凭证				
收款	第	号至	号共	张
付款	第	号至	号共	张
转账	第	号至	号共	张

科　目　汇　总　表

年　　月　　日至　　月　　日

会计科目	本期发生额汇总																				会计科目	本期发生额汇总																			
	借方										贷方											借方										贷方									
	千	百	十	万	千	百	十	元	角	分	千	百	十	万	千	百	十	元	角	分		千	百	十	万	千	百	十	元	角	分	千	百	十	万	千	百	十	元	角	分

财务主管　　　　　记账　　　　　复核　　　　　制表

编号：		附件共	张
记账凭证 收款	第	号至	号共 张
付款	第	号至	号共 张
转账	第	号至	号共 张

科目汇总表

年　月　日至　月　日

会计科目	本期发生额汇总																				会计科目	本期发生额汇总																			
	借方										贷方											借方										贷方									
	千	百	十	万	千	百	十	元	角	分	千	百	十	万	千	百	十	元	角	分		千	百	十	万	千	百	十	元	角	分	千	百	十	万	千	百	十	元	角	分

财务主管　　记账　　复核　　制表

编号：　　　　　　附件共　　　张

科　目　汇　总　表

年　　月　　日至　　月　　日

记账凭证					
	收款	第	号至	号共	张
	付款	第	号至	号共	张
	转账	第	号至	号共	张

会计科目	本期发生额汇总																				会计科目	本期发生额汇总																			
	借方										贷方											借方										贷方									
	千	百	十	万	千	百	十	元	角	分	千	百	十	万	千	百	十	元	角	分		千	百	十	万	千	百	十	元	角	分	千	百	十	万	千	百	十	元	角	分

财务主管　　　　记账　　　　复核　　　　制表

科 目 汇 总 表

年　　月　　日至　　月　　日

编号：　　　　附件共　　张

记账凭证				
	收款	第　　号至	号共	张
	付款	第　　号至	号共	张
	转账	第　　号至	号共	张

会计科目	本期发生额汇总																				会计科目	本期发生额汇总																			
	借方										贷方											借方										贷方									
	千	百	十	万	千	百	十	元	角	分	千	百	十	万	千	百	十	元	角	分		千	百	十	万	千	百	十	元	角	分	千	百	十	万	千	百	十	元	角	分

财务主管　　　　记账　　　　复核　　　　制表

科　目　汇　总　表

编号：			附件共	张
记账凭证	收款	第　　　号至	号共	张
	付款	第　　　号至	号共	张
	转账	第　　　号至	号共	张

年　　月　　日至　　月　　日

会计科目	本期发生额汇总																				会计科目	本期发生额汇总																			
	借方										贷方											借方										贷方									
	千	百	十	万	千	百	十	元	角	分	千	百	十	万	千	百	十	元	角	分		千	百	十	万	千	百	十	元	角	分	千	百	十	万	千	百	十	元	角	分

财务主管　　　　记账　　　　复核　　　　制表

库存现金日记账

年		凭证号数	对方科目	摘要	√	收入（借方）金额										付出（贷方）金额										结余金额									
月	日					千	百	十	万	千	百	十	元	角	分	千	百	十	万	千	百	十	元	角	分	千	百	十	万	千	百	十	元	角	分

银 行 存 款 日 记 账

年		凭证号数	支票号码	对方科目	摘要	√	收入（借方）金额											付出（贷方）金额											结余金额										
月	日						亿	千	百	十	万	千	百	十	元	角	分	亿	千	百	十	万	千	百	十	元	角	分	亿	千	百	十	万	千	百	十	元	角	分

明细账

总页______ 分页______

存储地点______ 最高存量______ 最低存量______ 计量单位______ 货名______

年		凭证		摘要	收入（借方）												发出（贷方）												结存											
月	日	种类	号数		数量	单价	金额										数量	单价	金额										数量	单价	金额									
							千	百	十	万	千	百	十	元	角	分			千	百	十	万	千	百	十	元	角	分			千	百	十	万	千	百	十	元	角	分

财会主管

复核

记账

明细账

总页　　　　分页

存储地点　　　　最高存量　　　　最低存量　　　　计量单位　　　　货名

年		凭证		摘要	收入（借方）											发出（贷方）											结存										
					数量	单价	金额									数量	单价	金额									数量	单价	金额								
月	日	种类	号数				千	百	十	万	千	百	十	元	角	分			千	百	十	万	千	百	十	元	角	分			千	百	十	万	千	百	十	元	角	分

财会主管

复核

记账

明细账

总页　　分页

存储地点　　最高存量　　最低存量　　计量单位　　货名

财会主管

复核

记账

年		凭证		摘要	收入（借方）												发出（贷方）												结存											
					数量	单价	金额										数量	单价	金额										数量	单价	金额									
月	日	种类	号数				千	百	十	万	千	百	十	元	角	分			千	百	十	万	千	百	十	元	角	分			千	百	十	万	千	百	十	元	角	分

明细账

存储地点　　　　最高存量　　　　最低存量　　　　计量单位　　　　总页　　　　分页

货名

年		凭证		摘要	收入（借方）												发出（贷方）												结存											
					数量	单价	金额										数量	单价	金额										数量	单价	金额									
月	日	种类	号数				千	百	十	万	千	百	十	元	角	分			千	百	十	万	千	百	十	元	角	分			千	百	十	万	千	百	十	元	角	分

财会主管

复核

记账

明细账

总页______ 分页______

存储地点______ 最高存量______ 最低存量______ 计量单位______ 货名______

年		凭证		摘要	收入（借方）			发出（贷方）			结存		
月	日	种类	号数		数量	单价	金额（千百十万千百十元角分）	数量	单价	金额（千百十万千百十元角分）	数量	单价	金额（千百十万千百十元角分）

财会主管

复核

记账

明细账

总第______页　分第______页

______级科目编号及名称______

年		凭证号数	摘要	借方（收方）									（　　）方金额分析					
月	日			百	十	万	千	百	十	元	角	分						

财会主管

复核

记账

总第______页　分第______页

明细账

______级科目编号及名称______

年		凭证号数	摘　要	借方（收方）									（　）方金额分析					
月	日			百	十	万	千	百	十	元	角	分						

财会主管

复核

记账

明细账

总第＿＿＿＿页　分第＿＿＿＿页

＿＿级科目编号及名称＿＿＿＿

年		凭证号数	摘　要	借方（收方）									（　　）方金额分析
月	日			百	十	万	千	百	十	元	角	分	

财会主管

复核

记账

总第________页　分第________页

明细账

____级科目编号及名称________

年		凭证号数	摘要	借方（收方）									（　）方金额分析					
月	日			百	十	万	千	百	十	元	角	分						

财会主管

复核

记账

明细账

总第　　　　页　分第　　　　页

　　级科目编号及名称

年		凭证号数	摘　要	借方（收方）									（　）方金额分析																	
月	日			百	十	万	千	百	十	元	角	分																		

财会主管

复核

记账

总第　　　　页　分第　　　　页

明细账

　　级科目编号及名称

年		凭证号数	摘要	借方（收方）									（　　）方金额分析					
月	日			百	十	万	千	百	十	元	角	分						

财会主管

复核

记账

明细账

总第　　　　页　分第　　　　页

级科目编号及名称

年		凭证号数	摘要	借方（收方）									（　）方金额分析					
月	日			百	十	万	千	百	十	元	角	分						

财会主管

复核

记账

明细账

总第______页　分第______页

______级科目编号及名称______

年		凭证号数	摘　要	借方（收方）									（　　）方金额分析					
月	日			百	十	万	千	百	十	元	角	分						

财会主管

复核

记账

明细账

总第______页　分第______页

______级科目编号及名称______

年		凭证号数	摘要	借方（收方）									（　）方金额分析					
月	日			百	十	万	千	百	十	元	角	分						

财会主管

复核

记账

明细账

总第＿＿＿＿页　分第＿＿＿＿页

＿＿级科目编号及名称＿＿＿＿

年		凭证号数	摘　要	借方（收方）									（　）方金额分析
月	日			百	十	万	千	百	十	元	角	分	

财会主管

复核

记账

明细账

总第______页　分第______页

______级科目编号及名称______

年		凭证号数	摘　要	借方（收方）									（　）方金额分析					
月	日			百	十	万	千	百	十	元	角	分						

财会主管

复核

记账

明细账

总第＿＿＿＿页　分第＿＿＿＿页

＿＿级科目编号及名称＿＿＿＿

年		凭证号数	摘要	借方（收方）									（　　）方金额分析					
月	日			百	十	万	千	百	十	元	角	分						

财会主管

复核

记账

管理费用　明细账

总第＿＿＿＿页　分第＿＿＿＿页

＿＿级科目编号及名称＿＿＿＿

年		凭证号数	摘　要	借方（收方）									（　）方金额分析									
月	日			百	十	万	千	百	十	元	角	分										

财会主管

复核

记账

管理费用　　明细账

总第＿＿＿＿页　分第＿＿＿＿页

＿＿级科目编号及名称＿＿＿＿

年		凭证号数	摘要	借方（收方）									（　）方金额分析								
月	日			百	十	万	千	百	十	元	角	分									

财会主管

复核

记账

总第______页　分第______页

明细账

______级科目编号及名称______

年		凭证		摘要	对方科目	日页	借方金额											√	贷方金额											√	借或贷	余额											√
月	日	种类	号数				亿	千	百	十	万	千	百	十	元	角	分		亿	千	百	十	万	千	百	十	元	角	分			亿	千	百	十	万	千	百	十	元	角	分	

财会主管

总第______页　分第______页

明细账

______级科目编号及名称______

年		凭证		摘要	对方科目	日页	借方金额											√	贷方金额											√	借或贷	余额											√
月	日	种类	号数				亿	千	百	十	万	千	百	十	元	角	分		亿	千	百	十	万	千	百	十	元	角	分			亿	千	百	十	万	千	百	十	元	角	分	

财会主管

总第______页　分第______页

明细账

______级科目编号及名称______

年		凭证		摘要	对方科目	日页	借方金额											√	贷方金额											√	借或贷	余额											√
月	日	种类	号数				亿	千	百	十	万	千	百	十	元	角	分		亿	千	百	十	万	千	百	十	元	角	分			亿	千	百	十	万	千	百	十	元	角	分	

财会主管

总第______页　分第______页

明细账

______级科目编号及名称______

年		凭证		摘要	对方科目	日页	借方金额											√	贷方金额											√	借或贷	余额											√
月	日	种类	号数				亿	千	百	十	万	千	百	十	元	角	分		亿	千	百	十	万	千	百	十	元	角	分			亿	千	百	十	万	千	百	十	元	角	分	

财会主管

总第________页　分第________页

明细账

____级科目编号及名称________

财会主管

年		凭证		摘要	对方科目	日页	借方金额											√	贷方金额											√	借或贷	余额											√
月	日	种类	号数				亿	千	百	十	万	千	百	十	元	角	分		亿	千	百	十	万	千	百	十	元	角	分			亿	千	百	十	万	千	百	十	元	角	分	

总第________页　分第________页

明细账

____级科目编号及名称________

财会主管

年		凭证		摘要	对方科目	日页	借方金额											√	贷方金额											√	借或贷	余额											√
月	日	种类	号数				亿	千	百	十	万	千	百	十	元	角	分		亿	千	百	十	万	千	百	十	元	角	分			亿	千	百	十	万	千	百	十	元	角	分	

总第______页 分第______页

明细账

______级科目编号及名称______

财会主管

年		凭证		摘要	对方科目	日页	借方金额											√	贷方金额											√	借或贷	余额											√
月	日	种类	号数				亿	千	百	十	万	千	百	十	元	角	分		亿	千	百	十	万	千	百	十	元	角	分			亿	千	百	十	万	千	百	十	元	角	分	

总第______页 分第______页

明细账

______级科目编号及名称______

财会主管

年		凭证		摘要	对方科目	日页	借方金额											√	贷方金额											√	借或贷	余额											√
月	日	种类	号数				亿	千	百	十	万	千	百	十	元	角	分		亿	千	百	十	万	千	百	十	元	角	分			亿	千	百	十	万	千	百	十	元	角	分	

明细账

总第 ________ 页 分第 ________ 页

____ 级科目编号及名称 ____________

年		凭证		摘要	对方科目	日页	借方金额											√	贷方金额											√	借或贷	余额											√
月	日	种类	号数				亿	千	百	十	万	千	百	十	元	角	分		亿	千	百	十	万	千	百	十	元	角	分			亿	千	百	十	万	千	百	十	元	角	分	

财会主管

明细账

总第 ________ 页 分第 ________ 页

____ 级科目编号及名称 ____________

年		凭证		摘要	对方科目	日页	借方金额											√	贷方金额											√	借或贷	余额											√
月	日	种类	号数				亿	千	百	十	万	千	百	十	元	角	分		亿	千	百	十	万	千	百	十	元	角	分			亿	千	百	十	万	千	百	十	元	角	分	

财会主管

总第 页 分第 页

明细账

级科目编号及名称

财会主管

年		凭证		摘要	对方科目	日页	借方金额											√	贷方金额											√	借或贷	余额											√
月	日	种类	号数				亿	千	百	十	万	千	百	十	元	角	分		亿	千	百	十	万	千	百	十	元	角	分			亿	千	百	十	万	千	百	十	元	角	分	

总第 页 分第 页

明细账

级科目编号及名称

财会主管

年		凭证		摘要	对方科目	日页	借方金额											√	贷方金额											√	借或贷	余额											√
月	日	种类	号数				亿	千	百	十	万	千	百	十	元	角	分		亿	千	百	十	万	千	百	十	元	角	分			亿	千	百	十	万	千	百	十	元	角	分	

总第　　　　页　分第　　　　页

级科目编号及名称

明细账

财会主管

年		凭证		摘要	对方科目	日页	借方金额											√	贷方金额											√	借或贷	余额											√
月	日	种类	号数				亿	千	百	十	万	千	百	十	元	角	分		亿	千	百	十	万	千	百	十	元	角	分			亿	千	百	十	万	千	百	十	元	角	分	

总第　　　　页　分第　　　　页

级科目编号及名称

明细账

财会主管

年		凭证		摘要	对方科目	日页	借方金额											√	贷方金额											√	借或贷	余额											√
月	日	种类	号数				亿	千	百	十	万	千	百	十	元	角	分		亿	千	百	十	万	千	百	十	元	角	分			亿	千	百	十	万	千	百	十	元	角	分	

总第______页 分第______页

明细账

____级科目编号及名称______

财会主管

年		凭证		摘要	对方科目	日页	借方金额											√	贷方金额											√	借或贷	余额											√
月	日	种类	号数				亿	千	百	十	万	千	百	十	元	角	分		亿	千	百	十	万	千	百	十	元	角	分			亿	千	百	十	万	千	百	十	元	角	分	

总第______页 分第______页

明细账

____级科目编号及名称______

财会主管

年		凭证		摘要	对方科目	日页	借方金额											√	贷方金额											√	借或贷	余额											√
月	日	种类	号数				亿	千	百	十	万	千	百	十	元	角	分		亿	千	百	十	万	千	百	十	元	角	分			亿	千	百	十	万	千	百	十	元	角	分	

总第______页　分第______页

明细账

______级科目编号及名称______

年		凭证		摘要	对方科目	日页	借方金额											√	贷方金额											√	借或贷	余额											√
月	日	种类	号数				亿	千	百	十	万	千	百	十	元	角	分		亿	千	百	十	万	千	百	十	元	角	分			亿	千	百	十	万	千	百	十	元	角	分	

财会主管

总第______页　分第______页

明细账

______级科目编号及名称______

年		凭证		摘要	对方科目	日页	借方金额											√	贷方金额											√	借或贷	余额											√
月	日	种类	号数				亿	千	百	十	万	千	百	十	元	角	分		亿	千	百	十	万	千	百	十	元	角	分			亿	千	百	十	万	千	百	十	元	角	分	

财会主管

总第______页 分第______页

明细账

______级科目编号及名称______

年		凭证		摘要	对方科目	日页	借方金额											√	贷方金额											√	借或贷	余额											√
月	日	种类	号数				亿	千	百	十	万	千	百	十	元	角	分		亿	千	百	十	万	千	百	十	元	角	分			亿	千	百	十	万	千	百	十	元	角	分	

财会主管

总第______页 分第______页

明细账

______级科目编号及名称______

年		凭证		摘要	对方科目	日页	借方金额											√	贷方金额											√	借或贷	余额											√
月	日	种类	号数				亿	千	百	十	万	千	百	十	元	角	分		亿	千	百	十	万	千	百	十	元	角	分			亿	千	百	十	万	千	百	十	元	角	分	

财会主管

总第______页　分第______页

明细账

______级科目编号及名称______

财会主管

年		凭证		摘　要	对方科目	日页	借方金额	√	贷方金额	√	借或贷	余　额	√
月	日	种类	号数				亿千百十万千百十元角分		亿千百十万千百十元角分			亿千百十万千百十元角分	

总第______页　分第______页

明细账

______级科目编号及名称______

财会主管

年		凭证		摘　要	对方科目	日页	借方金额	√	贷方金额	√	借或贷	余　额	√
月	日	种类	号数				亿千百十万千百十元角分		亿千百十万千百十元角分			亿千百十万千百十元角分	

总第　　　　页　分第　　　　页

明细账

级科目编号及名称

财会主管

年		凭证		摘要	对方科目	日页	借方金额											√	贷方金额											√	借或贷	余额											√
月	日	种类	号数				亿	千	百	十	万	千	百	十	元	角	分		亿	千	百	十	万	千	百	十	元	角	分			亿	千	百	十	万	千	百	十	元	角	分	

总第　　　　页　分第　　　　页

明细账

级科目编号及名称

财会主管

年		凭证		摘要	对方科目	日页	借方金额											√	贷方金额											√	借或贷	余额											√
月	日	种类	号数				亿	千	百	十	万	千	百	十	元	角	分		亿	千	百	十	万	千	百	十	元	角	分			亿	千	百	十	万	千	百	十	元	角	分	

总第______页 分第______页

明细账

______级科目编号及名称______

年		凭证		摘要	对方科目	日页	借方金额											√	贷方金额											√	借或贷	余额											√
月	日	种类	号数				亿	千	百	十	万	千	百	十	元	角	分		亿	千	百	十	万	千	百	十	元	角	分			亿	千	百	十	万	千	百	十	元	角	分	

财会主管

总第______页 分第______页

明细账

______级科目编号及名称______

年		凭证		摘要	对方科目	日页	借方金额											√	贷方金额											√	借或贷	余额											√
月	日	种类	号数				亿	千	百	十	万	千	百	十	元	角	分		亿	千	百	十	万	千	百	十	元	角	分			亿	千	百	十	万	千	百	十	元	角	分	

财会主管

总第______页　分第______页

明细账

______级科目编号及名称______

年		凭证		摘要	对方科目	日页	借方金额											√	贷方金额											√	借或贷	余额											√
月	日	种类	号数				亿	千	百	十	万	千	百	十	元	角	分		亿	千	百	十	万	千	百	十	元	角	分			亿	千	百	十	万	千	百	十	元	角	分	

财会主管

总第______页　分第______页

明细账

______级科目编号及名称______

年		凭证		摘要	对方科目	日页	借方金额											√	贷方金额											√	借或贷	余额											√
月	日	种类	号数				亿	千	百	十	万	千	百	十	元	角	分		亿	千	百	十	万	千	百	十	元	角	分			亿	千	百	十	万	千	百	十	元	角	分	

财会主管

总第________页 分第________页

明细账

____级科目编号及名称________

财会主管

年		凭证		摘要	对方科目	日页	借方金额											√	贷方金额											√	借或贷	余额											√
月	日	种类	号数				亿	千	百	十	万	千	百	十	元	角	分		亿	千	百	十	万	千	百	十	元	角	分			亿	千	百	十	万	千	百	十	元	角	分	

总第________页 分第________页

明细账

____级科目编号及名称________

财会主管

年		凭证		摘要	对方科目	日页	借方金额											√	贷方金额											√	借或贷	余额											√
月	日	种类	号数				亿	千	百	十	万	千	百	十	元	角	分		亿	千	百	十	万	千	百	十	元	角	分			亿	千	百	十	万	千	百	十	元	角	分	

总第＿＿＿＿页　分第＿＿＿＿页

明细账

＿＿级科目编号及名称＿＿＿＿

财会主管

年		凭证		摘要	对方科目	日页	借方金额											√	贷方金额											√	借或贷	余额											√
月	日	种类	号数				亿	千	百	十	万	千	百	十	元	角	分		亿	千	百	十	万	千	百	十	元	角	分			亿	千	百	十	万	千	百	十	元	角	分	

总第＿＿＿＿页　分第＿＿＿＿页

明细账

＿＿级科目编号及名称＿＿＿＿

财会主管

年		凭证		摘要	对方科目	日页	借方金额											√	贷方金额											√	借或贷	余额											√
月	日	种类	号数				亿	千	百	十	万	千	百	十	元	角	分		亿	千	百	十	万	千	百	十	元	角	分			亿	千	百	十	万	千	百	十	元	角	分	

总第 ______ 页 分第 ______ 页

明细账

______ 级科目编号及名称 ______

年		凭证		摘要	对方科目	日页	借方金额											√	贷方金额											√	借或贷	余额											√
月	日	种类	号数				亿	千	百	十	万	千	百	十	元	角	分		亿	千	百	十	万	千	百	十	元	角	分			亿	千	百	十	万	千	百	十	元	角	分	

财会主管

总第 ______ 页 分第 ______ 页

明细账

______ 级科目编号及名称 ______

年		凭证		摘要	对方科目	日页	借方金额											√	贷方金额											√	借或贷	余额											√
月	日	种类	号数				亿	千	百	十	万	千	百	十	元	角	分		亿	千	百	十	万	千	百	十	元	角	分			亿	千	百	十	万	千	百	十	元	角	分	

财会主管

总第________页　分第________页

明细账

________级科目编号及名称________

年		凭证		摘　要	对方科目	日页	借方金额											√	贷方金额											√	借或贷	余　额											√
月	日	种类	号数				亿	千	百	十	万	千	百	十	元	角	分		亿	千	百	十	万	千	百	十	元	角	分			亿	千	百	十	万	千	百	十	元	角	分	

财会主管

总第________页　分第________页

明细账

________级科目编号及名称________

年		凭证		摘　要	对方科目	日页	借方金额											√	贷方金额											√	借或贷	余　额											√
月	日	种类	号数				亿	千	百	十	万	千	百	十	元	角	分		亿	千	百	十	万	千	百	十	元	角	分			亿	千	百	十	万	千	百	十	元	角	分	

财会主管

总第______页 分第______页

明细账

______级科目编号及名称______

财会主管

年		凭证		摘要	对方科目	日页	借方金额											√	贷方金额											√	借或贷	余额											√
月	日	种类	号数				亿	千	百	十	万	千	百	十	元	角	分		亿	千	百	十	万	千	百	十	元	角	分			亿	千	百	十	万	千	百	十	元	角	分	

总第______页 分第______页

明细账

______级科目编号及名称______

财会主管

年		凭证		摘要	对方科目	日页	借方金额											√	贷方金额											√	借或贷	余额											√
月	日	种类	号数				亿	千	百	十	万	千	百	十	元	角	分		亿	千	百	十	万	千	百	十	元	角	分			亿	千	百	十	万	千	百	十	元	角	分	

总第______页　分第______页

明细账

______级科目编号及名称______

财会主管

年		凭证		摘要	对方科目	日页	借方金额											√	贷方金额											√	借或贷	余额											√
月	日	种类	号数				亿	千	百	十	万	千	百	十	元	角	分		亿	千	百	十	万	千	百	十	元	角	分			亿	千	百	十	万	千	百	十	元	角	分	

总第______页　分第______页

明细账

______级科目编号及名称______

财会主管

年		凭证		摘要	对方科目	日页	借方金额											√	贷方金额											√	借或贷	余额											√
月	日	种类	号数				亿	千	百	十	万	千	百	十	元	角	分		亿	千	百	十	万	千	百	十	元	角	分			亿	千	百	十	万	千	百	十	元	角	分	

总第＿＿＿＿页　分第＿＿＿＿页

明细账

＿＿级科目编号及名称＿＿＿＿

年		凭证		摘要	对方科目	日页	借方金额											√	贷方金额											√	借或贷	余额											√
月	日	种类	号数				亿	千	百	十	万	千	百	十	元	角	分		亿	千	百	十	万	千	百	十	元	角	分			亿	千	百	十	万	千	百	十	元	角	分	

财会主管

总第＿＿＿＿页　分第＿＿＿＿页

明细账

＿＿级科目编号及名称＿＿＿＿

年		凭证		摘要	对方科目	日页	借方金额											√	贷方金额											√	借或贷	余额											√
月	日	种类	号数				亿	千	百	十	万	千	百	十	元	角	分		亿	千	百	十	万	千	百	十	元	角	分			亿	千	百	十	万	千	百	十	元	角	分	

财会主管

总第______页 分第______页

明细账

______级科目编号及名称______

年		凭证		摘要	对方科目	日页	借方金额											√	贷方金额											√	借或贷	余额											√
月	日	种类	号数				亿	千	百	十	万	千	百	十	元	角	分		亿	千	百	十	万	千	百	十	元	角	分			亿	千	百	十	万	千	百	十	元	角	分	

财会主管

总第______页 分第______页

明细账

______级科目编号及名称______

年		凭证		摘要	对方科目	日页	借方金额											√	贷方金额											√	借或贷	余额											√
月	日	种类	号数				亿	千	百	十	万	千	百	十	元	角	分		亿	千	百	十	万	千	百	十	元	角	分			亿	千	百	十	万	千	百	十	元	角	分	

财会主管

总第____页 分第____页

明细账

____级科目编号及名称____

财会主管

年		凭证		摘要	对方科目	日页	借方金额											√	贷方金额											√	借或贷	余额											√
月	日	种类	号数				亿	千	百	十	万	千	百	十	元	角	分		亿	千	百	十	万	千	百	十	元	角	分			亿	千	百	十	万	千	百	十	元	角	分	

总第____页 分第____页

明细账

____级科目编号及名称____

财会主管

年		凭证		摘要	对方科目	日页	借方金额											√	贷方金额											√	借或贷	余额											√
月	日	种类	号数				亿	千	百	十	万	千	百	十	元	角	分		亿	千	百	十	万	千	百	十	元	角	分			亿	千	百	十	万	千	百	十	元	角	分	

总第＿＿＿＿页　分第＿＿＿＿页

明细账

＿＿级科目编号及名称＿＿＿＿

财会主管

年		凭证		摘要	对方科目	日页	借方金额											√	贷方金额											√	借或贷	余额											√
月	日	种类	号数				亿	千	百	十	万	千	百	十	元	角	分		亿	千	百	十	万	千	百	十	元	角	分			亿	千	百	十	万	千	百	十	元	角	分	

总第＿＿＿＿页　分第＿＿＿＿页

明细账

＿＿级科目编号及名称＿＿＿＿

财会主管

年		凭证		摘要	对方科目	日页	借方金额											√	贷方金额											√	借或贷	余额											√
月	日	种类	号数				亿	千	百	十	万	千	百	十	元	角	分		亿	千	百	十	万	千	百	十	元	角	分			亿	千	百	十	万	千	百	十	元	角	分	

总第＿＿＿＿页　分第＿＿＿＿页

明细账

＿＿级科目编号及名称＿＿＿＿

财会主管

年		凭证		摘要	对方科目	日页	借方金额											√	贷方金额											√	借或贷	余额											√
月	日	种类	号数				亿	千	百	十	万	千	百	十	元	角	分		亿	千	百	十	万	千	百	十	元	角	分			亿	千	百	十	万	千	百	十	元	角	分	

总第＿＿＿＿页　分第＿＿＿＿页

明细账

＿＿级科目编号及名称＿＿＿＿

财会主管

年		凭证		摘要	对方科目	日页	借方金额											√	贷方金额											√	借或贷	余额											√
月	日	种类	号数				亿	千	百	十	万	千	百	十	元	角	分		亿	千	百	十	万	千	百	十	元	角	分			亿	千	百	十	万	千	百	十	元	角	分	

总第＿＿＿＿页　分第＿＿＿＿页

明细账

＿＿级科目编号及名称＿＿＿＿

年		凭证		摘要	对方科目	日页	借方金额											√	贷方金额											√	借或贷	余额											√
月	日	种类	号数				亿	千	百	十	万	千	百	十	元	角	分		亿	千	百	十	万	千	百	十	元	角	分			亿	千	百	十	万	千	百	十	元	角	分	

财会主管

总第＿＿＿＿页　分第＿＿＿＿页

明细账

＿＿级科目编号及名称＿＿＿＿

年		凭证		摘要	对方科目	日页	借方金额											√	贷方金额											√	借或贷	余额											√
月	日	种类	号数				亿	千	百	十	万	千	百	十	元	角	分		亿	千	百	十	万	千	百	十	元	角	分			亿	千	百	十	万	千	百	十	元	角	分	

财会主管

总第______页　分第______页

明细账

______级科目编号及名称______

年		凭证		摘要	对方科目	日页	借方金额											√	贷方金额											√	借或贷	余额											√
月	日	种类	号数				亿	千	百	十	万	千	百	十	元	角	分		亿	千	百	十	万	千	百	十	元	角	分			亿	千	百	十	万	千	百	十	元	角	分	

财会主管

总第______页　分第______页

明细账

______级科目编号及名称______

年		凭证		摘要	对方科目	日页	借方金额											√	贷方金额											√	借或贷	余额											√
月	日	种类	号数				亿	千	百	十	万	千	百	十	元	角	分		亿	千	百	十	万	千	百	十	元	角	分			亿	千	百	十	万	千	百	十	元	角	分	

财会主管

总第________页　分第________页

明细账

________级科目编号及名称________

财会主管

年		凭证		摘要	对方科目	日页	借方金额											√	贷方金额											√	借或贷	余额											√
月	日	种类	号数				亿	千	百	十	万	千	百	十	元	角	分		亿	千	百	十	万	千	百	十	元	角	分			亿	千	百	十	万	千	百	十	元	角	分	

总第________页　分第________页

明细账

________级科目编号及名称________

财会主管

年		凭证		摘要	对方科目	日页	借方金额											√	贷方金额											√	借或贷	余额											√
月	日	种类	号数				亿	千	百	十	万	千	百	十	元	角	分		亿	千	百	十	万	千	百	十	元	角	分			亿	千	百	十	万	千	百	十	元	角	分	

明细账

总第　　　　页　分第　　　　页

　　　级科目编号及名称

年		凭证		摘要	对方科目	日页	借方金额											√	贷方金额											√	借或贷	余额											√
月	日	种类	号数				亿	千	百	十	万	千	百	十	元	角	分		亿	千	百	十	万	千	百	十	元	角	分			亿	千	百	十	万	千	百	十	元	角	分	

财会主管

明细账

总第　　　　页　分第　　　　页

　　　级科目编号及名称

年		凭证		摘要	对方科目	日页	借方金额											√	贷方金额											√	借或贷	余额											√
月	日	种类	号数				亿	千	百	十	万	千	百	十	元	角	分		亿	千	百	十	万	千	百	十	元	角	分			亿	千	百	十	万	千	百	十	元	角	分	

财会主管

总第 ______ 页　分第 ______ 页

明细账

______ 级科目编号及名称 ______

年		凭证		摘要	对方科目	日页	借方金额											√	贷方金额											√	借或贷	余额											√
月	日	种类	号数				亿	千	百	十	万	千	百	十	元	角	分		亿	千	百	十	万	千	百	十	元	角	分			亿	千	百	十	万	千	百	十	元	角	分	

财会主管

总第 ______ 页　分第 ______ 页

明细账

______ 级科目编号及名称 ______

年		凭证		摘要	对方科目	日页	借方金额											√	贷方金额											√	借或贷	余额											√
月	日	种类	号数				亿	千	百	十	万	千	百	十	元	角	分		亿	千	百	十	万	千	百	十	元	角	分			亿	千	百	十	万	千	百	十	元	角	分	

财会主管

明细账

总第______页　分第______页

______级科目编号及名称______

年		凭证号数	摘要	借方（收方）									贷方（付方）									借或贷	余额									（　）方金额分析											
月	日			百	十	万	千	百	十	元	角	分	百	十	万	千	百	十	元	角	分		百	十	万	千	百	十	元	角	分												

明细账

总第______页　分第______页

______级科目编号及名称______

年		凭证号数	摘要	借方（收方）									贷方（付方）									借或贷	余额									（　）方金额分析											
月	日			百	十	万	千	百	十	元	角	分	百	十	万	千	百	十	元	角	分		百	十	万	千	百	十	元	角	分												

明细账

总第　　页　分第　　页

年		凭证字号	摘要	对方科目	借方发生额			贷方发生额			借或贷	余额
月	日				费用	转出净利润	合计	收入	转出亏损	合计		

总账

第　　页

年		凭证		摘要	对方科目	日页	借方金额											贷方金额											借或贷	余额										
月	日	种类	号数				亿	千	百	十	万	千	百	十	元	角	分	亿	千	百	十	万	千	百	十	元	角	分		亿	千	百	十	万	千	百	十	元	角	分

总账

第　　页

年		凭证		摘要	对方科目	日页	借方金额											贷方金额											借或贷	余额										
月	日	种类	号数				亿	千	百	十	万	千	百	十	元	角	分	亿	千	百	十	万	千	百	十	元	角	分		亿	千	百	十	万	千	百	十	元	角	分

总账

第　　　页

年		凭证		摘要	对方科目	日页	借方金额											贷方金额											借或贷	余额										
月	日	种类	号数				亿	千	百	十	万	千	百	十	元	角	分	亿	千	百	十	万	千	百	十	元	角	分		亿	千	百	十	万	千	百	十	元	角	分

总账

第　　　页

年		凭证		摘要	对方科目	日页	借方金额											贷方金额											借或贷	余额										
月	日	种类	号数				亿	千	百	十	万	千	百	十	元	角	分	亿	千	百	十	万	千	百	十	元	角	分		亿	千	百	十	万	千	百	十	元	角	分

总账

第　　　页

年		凭证		摘要	对方科目	日页	借方金额											贷方金额											借或贷	余额										
月	日	种类	号数				亿	千	百	十	万	千	百	十	元	角	分	亿	千	百	十	万	千	百	十	元	角	分		亿	千	百	十	万	千	百	十	元	角	分

总账

第　　　页

年		凭证		摘要	对方科目	日页	借方金额											贷方金额											借或贷	余额										
月	日	种类	号数				亿	千	百	十	万	千	百	十	元	角	分	亿	千	百	十	万	千	百	十	元	角	分		亿	千	百	十	万	千	百	十	元	角	分

总账

第　　　　页

年		凭证		摘要	对方科目	日页	借方金额	贷方金额	借或贷	余额
月	日	种类	号数				亿千百十万千百十元角分	亿千百十万千百十元角分		亿千百十万千百十元角分

总账

第　　　　页

年		凭证		摘要	对方科目	日页	借方金额	贷方金额	借或贷	余额
月	日	种类	号数				亿千百十万千百十元角分	亿千百十万千百十元角分		亿千百十万千百十元角分

总账

第　　页

年		凭证		摘要	对方科目	日页	借方金额											贷方金额											借或贷	余额										
月	日	种类	号数				亿	千	百	十	万	千	百	十	元	角	分	亿	千	百	十	万	千	百	十	元	角	分		亿	千	百	十	万	千	百	十	元	角	分

总账

第　　页

年		凭证		摘要	对方科目	日页	借方金额											贷方金额											借或贷	余额										
月	日	种类	号数				亿	千	百	十	万	千	百	十	元	角	分	亿	千	百	十	万	千	百	十	元	角	分		亿	千	百	十	万	千	百	十	元	角	分

总账

第　　页

年		凭证		摘要	对方科目	日页	借方金额											贷方金额											借或贷	余额										
月	日	种类	号数				亿	千	百	十	万	千	百	十	元	角	分	亿	千	百	十	万	千	百	十	元	角	分		亿	千	百	十	万	千	百	十	元	角	分

总账

第　　页

年		凭证		摘要	对方科目	日页	借方金额											贷方金额											借或贷	余额										
月	日	种类	号数				亿	千	百	十	万	千	百	十	元	角	分	亿	千	百	十	万	千	百	十	元	角	分		亿	千	百	十	万	千	百	十	元	角	分

总账

第　　页

年		凭证		摘要	对方科目	日页	借方金额											贷方金额											借或贷	余额										
月	日	种类	号数				亿	千	百	十	万	千	百	十	元	角	分	亿	千	百	十	万	千	百	十	元	角	分		亿	千	百	十	万	千	百	十	元	角	分

总账

第　　页

年		凭证		摘要	对方科目	日页	借方金额											贷方金额											借或贷	余额										
月	日	种类	号数				亿	千	百	十	万	千	百	十	元	角	分	亿	千	百	十	万	千	百	十	元	角	分		亿	千	百	十	万	千	百	十	元	角	分

总账

第　　页

年		凭证		摘要	对方科目	日页	借方金额											贷方金额											借或贷	余额										
月	日	种类	号数				亿	千	百	十	万	千	百	十	元	角	分	亿	千	百	十	万	千	百	十	元	角	分		亿	千	百	十	万	千	百	十	元	角	分

总账

第　　页

年		凭证		摘要	对方科目	日页	借方金额											贷方金额											借或贷	余额										
月	日	种类	号数				亿	千	百	十	万	千	百	十	元	角	分	亿	千	百	十	万	千	百	十	元	角	分		亿	千	百	十	万	千	百	十	元	角	分

总账

第　　页

年		凭证		摘要	对方科目	日页	借方金额											贷方金额											借或贷	余额										
月	日	种类	号数				亿	千	百	十	万	千	百	十	元	角	分	亿	千	百	十	万	千	百	十	元	角	分		亿	千	百	十	万	千	百	十	元	角	分

总账

第　　页

年		凭证		摘要	对方科目	日页	借方金额											贷方金额											借或贷	余额										
月	日	种类	号数				亿	千	百	十	万	千	百	十	元	角	分	亿	千	百	十	万	千	百	十	元	角	分		亿	千	百	十	万	千	百	十	元	角	分

总账

第　　　　页

年		凭证		摘要	对方科目	日页	借方金额											贷方金额											借或贷	余额										
月	日	种类	号数				亿	千	百	十	万	千	百	十	元	角	分	亿	千	百	十	万	千	百	十	元	角	分		亿	千	百	十	万	千	百	十	元	角	分

总账

第　　　　页

年		凭证		摘要	对方科目	日页	借方金额											贷方金额											借或贷	余额										
月	日	种类	号数				亿	千	百	十	万	千	百	十	元	角	分	亿	千	百	十	万	千	百	十	元	角	分		亿	千	百	十	万	千	百	十	元	角	分

总账

第 页

年		凭证		摘要	对方科目	日页	借方金额											贷方金额											借或贷	余额										
月	日	种类	号数				亿	千	百	十	万	千	百	十	元	角	分	亿	千	百	十	万	千	百	十	元	角	分		亿	千	百	十	万	千	百	十	元	角	分

总账

第 页

年		凭证		摘要	对方科目	日页	借方金额											贷方金额											借或贷	余额										
月	日	种类	号数				亿	千	百	十	万	千	百	十	元	角	分	亿	千	百	十	万	千	百	十	元	角	分		亿	千	百	十	万	千	百	十	元	角	分

总账

第　　　页

年		凭证		摘要	对方科目	日页	借方金额											贷方金额											借或贷	余额										
月	日	种类	号数				亿	千	百	十	万	千	百	十	元	角	分	亿	千	百	十	万	千	百	十	元	角	分		亿	千	百	十	万	千	百	十	元	角	分

总账

第　　　页

年		凭证		摘要	对方科目	日页	借方金额											贷方金额											借或贷	余额										
月	日	种类	号数				亿	千	百	十	万	千	百	十	元	角	分	亿	千	百	十	万	千	百	十	元	角	分		亿	千	百	十	万	千	百	十	元	角	分

总账

第　　页

年		凭证		摘要	对方科目	日页	借方金额											贷方金额											借或贷	余额										
月	日	种类	号数				亿	千	百	十	万	千	百	十	元	角	分	亿	千	百	十	万	千	百	十	元	角	分		亿	千	百	十	万	千	百	十	元	角	分

总账

第　　页

年		凭证		摘要	对方科目	日页	借方金额											贷方金额											借或贷	余额										
月	日	种类	号数				亿	千	百	十	万	千	百	十	元	角	分	亿	千	百	十	万	千	百	十	元	角	分		亿	千	百	十	万	千	百	十	元	角	分

总账

第　　　　页

年		凭证		摘要	对方科目	日页	借方金额											贷方金额											借或贷	余额										
月	日	种类	号数				亿	千	百	十	万	千	百	十	元	角	分	亿	千	百	十	万	千	百	十	元	角	分		亿	千	百	十	万	千	百	十	元	角	分

总账

第　　　　页

年		凭证		摘要	对方科目	日页	借方金额											贷方金额											借或贷	余额										
月	日	种类	号数				亿	千	百	十	万	千	百	十	元	角	分	亿	千	百	十	万	千	百	十	元	角	分		亿	千	百	十	万	千	百	十	元	角	分

总账

第　　页

年		凭证		摘要	对方科目	日页	借方金额											贷方金额											借或贷	余额										
月	日	种类	号数				亿	千	百	十	万	千	百	十	元	角	分	亿	千	百	十	万	千	百	十	元	角	分		亿	千	百	十	万	千	百	十	元	角	分

总账

第　　页

年		凭证		摘要	对方科目	日页	借方金额											贷方金额											借或贷	余额										
月	日	种类	号数				亿	千	百	十	万	千	百	十	元	角	分	亿	千	百	十	万	千	百	十	元	角	分		亿	千	百	十	万	千	百	十	元	角	分

总账

第　　页

年		凭证		摘要	对方科目	日页	借方金额											贷方金额											借或贷	余额										
月	日	种类	号数				亿	千	百	十	万	千	百	十	元	角	分	亿	千	百	十	万	千	百	十	元	角	分		亿	千	百	十	万	千	百	十	元	角	分

总账

第　　页

年		凭证		摘要	对方科目	日页	借方金额											贷方金额											借或贷	余额										
月	日	种类	号数				亿	千	百	十	万	千	百	十	元	角	分	亿	千	百	十	万	千	百	十	元	角	分		亿	千	百	十	万	千	百	十	元	角	分

总账

第　　　　页

年		凭证		摘要	对方科目	日页	借方金额											贷方金额											借或贷	余额										
月	日	种类	号数				亿	千	百	十	万	千	百	十	元	角	分	亿	千	百	十	万	千	百	十	元	角	分		亿	千	百	十	万	千	百	十	元	角	分

总账

第　　　　页

年		凭证		摘要	对方科目	日页	借方金额											贷方金额											借或贷	余额										
月	日	种类	号数				亿	千	百	十	万	千	百	十	元	角	分	亿	千	百	十	万	千	百	十	元	角	分		亿	千	百	十	万	千	百	十	元	角	分

总账

第　　　页

年		凭证		摘要	对方科目	日页	借方金额											贷方金额											借或贷	余额										
月	日	种类	号数				亿	千	百	十	万	千	百	十	元	角	分	亿	千	百	十	万	千	百	十	元	角	分		亿	千	百	十	万	千	百	十	元	角	分

总账

第　　　页

年		凭证		摘要	对方科目	日页	借方金额											贷方金额											借或贷	余额										
月	日	种类	号数				亿	千	百	十	万	千	百	十	元	角	分	亿	千	百	十	万	千	百	十	元	角	分		亿	千	百	十	万	千	百	十	元	角	分

总账

第　　页

年		凭证		摘要	对方科目	日页	借方金额											贷方金额											借或贷	余额										
月	日	种类	号数				亿	千	百	十	万	千	百	十	元	角	分	亿	千	百	十	万	千	百	十	元	角	分		亿	千	百	十	万	千	百	十	元	角	分

总账

第　　页

年		凭证		摘要	对方科目	日页	借方金额											贷方金额											借或贷	余额										
月	日	种类	号数				亿	千	百	十	万	千	百	十	元	角	分	亿	千	百	十	万	千	百	十	元	角	分		亿	千	百	十	万	千	百	十	元	角	分

第　　页

总账

年		凭证		摘要	对方科目	日页	借方金额											贷方金额											借或贷	余额										
月	日	种类	号数				亿	千	百	十	万	千	百	十	元	角	分	亿	千	百	十	万	千	百	十	元	角	分		亿	千	百	十	万	千	百	十	元	角	分

第　　页

总账

年		凭证		摘要	对方科目	日页	借方金额											贷方金额											借或贷	余额										
月	日	种类	号数				亿	千	百	十	万	千	百	十	元	角	分	亿	千	百	十	万	千	百	十	元	角	分		亿	千	百	十	万	千	百	十	元	角	分

总账

第　　　页

年		凭证		摘要	对方科目	日页	借方金额											贷方金额											借或贷	余额										
月	日	种类	号数				亿	千	百	十	万	千	百	十	元	角	分	亿	千	百	十	万	千	百	十	元	角	分		亿	千	百	十	万	千	百	十	元	角	分

总账

第　　　页

年		凭证		摘要	对方科目	日页	借方金额											贷方金额											借或贷	余额										
月	日	种类	号数				亿	千	百	十	万	千	百	十	元	角	分	亿	千	百	十	万	千	百	十	元	角	分		亿	千	百	十	万	千	百	十	元	角	分

总账

年		凭证		摘要	对方科目	日页	借方金额											贷方金额											借或贷	余额										
月	日	种类	号数				亿	千	百	十	万	千	百	十	元	角	分	亿	千	百	十	万	千	百	十	元	角	分		亿	千	百	十	万	千	百	十	元	角	分

第　　页

总账

年		凭证		摘要	对方科目	日页	借方金额											贷方金额											借或贷	余额										
月	日	种类	号数				亿	千	百	十	万	千	百	十	元	角	分	亿	千	百	十	万	千	百	十	元	角	分		亿	千	百	十	万	千	百	十	元	角	分

总账

第　　　　页

年		凭证		摘要	对方科目	日页	借方金额											贷方金额											借或贷	余额										
月	日	种类	号数				亿	千	百	十	万	千	百	十	元	角	分	亿	千	百	十	万	千	百	十	元	角	分		亿	千	百	十	万	千	百	十	元	角	分

总账

第　　　　页

年		凭证		摘要	对方科目	日页	借方金额											贷方金额											借或贷	余额										
月	日	种类	号数				亿	千	百	十	万	千	百	十	元	角	分	亿	千	百	十	万	千	百	十	元	角	分		亿	千	百	十	万	千	百	十	元	角	分

总账

第　　页

年		凭证		摘要	对方科目	日页	借方金额											贷方金额											借或贷	余额										
月	日	种类	号数				亿	千	百	十	万	千	百	十	元	角	分	亿	千	百	十	万	千	百	十	元	角	分		亿	千	百	十	万	千	百	十	元	角	分

总账

第　　页

年		凭证		摘要	对方科目	日页	借方金额											贷方金额											借或贷	余额										
月	日	种类	号数				亿	千	百	十	万	千	百	十	元	角	分	亿	千	百	十	万	千	百	十	元	角	分		亿	千	百	十	万	千	百	十	元	角	分

总账

第　　　　页

年		凭证		摘要	对方科目	日页	借方金额											贷方金额											借或贷	余额										
月	日	种类	号数				亿	千	百	十	万	千	百	十	元	角	分	亿	千	百	十	万	千	百	十	元	角	分		亿	千	百	十	万	千	百	十	元	角	分

总账

第　　　　页

年		凭证		摘要	对方科目	日页	借方金额											贷方金额											借或贷	余额										
月	日	种类	号数				亿	千	百	十	万	千	百	十	元	角	分	亿	千	百	十	万	千	百	十	元	角	分		亿	千	百	十	万	千	百	十	元	角	分

总账

第　　页

年		凭证		摘　要	对方科目	日页	借方金额											贷方金额											借或贷	余　额										
月	日	种类	号数				亿	千	百	十	万	千	百	十	元	角	分	亿	千	百	十	万	千	百	十	元	角	分		亿	千	百	十	万	千	百	十	元	角	分

总账

第　　页

年		凭证		摘　要	对方科目	日页	借方金额											贷方金额											借或贷	余　额										
月	日	种类	号数				亿	千	百	十	万	千	百	十	元	角	分	亿	千	百	十	万	千	百	十	元	角	分		亿	千	百	十	万	千	百	十	元	角	分

总账

第　　　　页

年		凭证		摘要	对方科目	日页	借方金额											贷方金额											借或贷	余额										
月	日	种类	号数				亿	千	百	十	万	千	百	十	元	角	分	亿	千	百	十	万	千	百	十	元	角	分		亿	千	百	十	万	千	百	十	元	角	分

总账

第　　　　页

年		凭证		摘要	对方科目	日页	借方金额											贷方金额											借或贷	余额										
月	日	种类	号数				亿	千	百	十	万	千	百	十	元	角	分	亿	千	百	十	万	千	百	十	元	角	分		亿	千	百	十	万	千	百	十	元	角	分

总账

第　　页

年		凭证		摘要	对方科目	日页	借方金额											贷方金额											借或贷	余额										
月	日	种类	号数				亿	千	百	十	万	千	百	十	元	角	分	亿	千	百	十	万	千	百	十	元	角	分		亿	千	百	十	万	千	百	十	元	角	分

总账

第　　页

年		凭证		摘要	对方科目	日页	借方金额											贷方金额											借或贷	余额										
月	日	种类	号数				亿	千	百	十	万	千	百	十	元	角	分	亿	千	百	十	万	千	百	十	元	角	分		亿	千	百	十	万	千	百	十	元	角	分

总账

第　　　　页

年		凭证		摘要	对方科目	日页	借方金额											贷方金额											借或贷	余额										
月	日	种类	号数				亿	千	百	十	万	千	百	十	元	角	分	亿	千	百	十	万	千	百	十	元	角	分		亿	千	百	十	万	千	百	十	元	角	分

总账

第　　　　页

年		凭证		摘要	对方科目	日页	借方金额											贷方金额											借或贷	余额										
月	日	种类	号数				亿	千	百	十	万	千	百	十	元	角	分	亿	千	百	十	万	千	百	十	元	角	分		亿	千	百	十	万	千	百	十	元	角	分

总账

第 页

年		凭证		摘要	对方科目	日页	借方金额											贷方金额											借或贷	余额										
月	日	种类	号数				亿	千	百	十	万	千	百	十	元	角	分	亿	千	百	十	万	千	百	十	元	角	分		亿	千	百	十	万	千	百	十	元	角	分

总账

第 页

年		凭证		摘要	对方科目	日页	借方金额											贷方金额											借或贷	余额										
月	日	种类	号数				亿	千	百	十	万	千	百	十	元	角	分	亿	千	百	十	万	千	百	十	元	角	分		亿	千	百	十	万	千	百	十	元	角	分

第	册
共	册

凭证封面

自　　年　　月　　日至　　年　　月　　日

凭证名称	凭证起讫号码		凭证张数	附件张数	备注
	自	至			

会计档案	全宗号	目录号	案卷号	保管年限

财会主管　　　　装订

抽出凭证记录

抽出日期			抽出凭证名称	抽出原因	抽出人签字	经管人签字	归还日期			收件人
年	月	日					年	月	日	

海州市其力制造有限责任公司

日　　记　　账

（库存现金、银行存款）

年度

账簿启用及接交表

单位名称		梅州市其力制造有限责任公司 ★
账簿名称	（第　　册）	
账簿编号		
账簿页数	本账簿共计　　页（本账簿页数 检点人盖章　　）	
启用日期	公元　　年　　月　　日	

经管人员	单位主管		财务主管		复核		记账	
	姓名	盖章	姓名	盖章	姓名	盖章	姓名	盖章

接交记录	经管人员		接管				交出			
	职别	姓名	年	月	日	盖章	年	月	日	盖章

备注										

<table>
<tr><td>单位名称</td><td colspan="8"></td><td rowspan="2">海州市其力制造有限责任公司</td></tr>
<tr><td>账簿名称</td><td colspan="8">明细分类账</td></tr>
<tr><td>所属年度</td><td colspan="2">年度</td><td colspan="2">装订册次</td><td colspan="5">第　册（共　册）</td></tr>
<tr><td>起讫页码</td><td colspan="9">自　第　页至第　页（共　页）</td></tr>
<tr><td rowspan="3">经管人员</td><td colspan="2">单位主管</td><td colspan="2">财会主管</td><td colspan="2">记账</td><td colspan="3">装订</td></tr>
<tr><td>姓名</td><td>盖章</td><td>姓名</td><td>盖章</td><td>姓名</td><td>盖章</td><td>姓名</td><td colspan="2">盖章</td></tr>
<tr><td></td><td></td><td></td><td></td><td></td><td></td><td></td><td colspan="2"></td></tr>
<tr><td>备注</td><td colspan="9"></td></tr>
</table>

<table>
<tr><td rowspan="3">会计档案</td><td colspan="6">自　年　月　日至　年　月　日止</td></tr>
<tr><td colspan="6">册内共　页（张）　保管期限</td></tr>
<tr><td>全宗号</td><td></td><td>目录号</td><td></td><td>案卷号</td><td></td></tr>
</table>

目　录

单位名称								海州市其力制造有限责任公司
账簿名称	总分类账							
所属年度	年度		装订册次		第　册（共　册）			
起讫页码	自　第　页至第　页（共　页）							
经管人员	单位主管		财会主管		记账		装订	
	姓名	盖章	姓名	盖章	姓名	盖章	姓名	盖章
备注								

会计档案	自　年　月　日至　年　月　日止					
	册内共　页（张）　保管期限					
	全宗号		目录号		案卷号	

目录

海州市其力制造有限责任公司

会　　计　　报　　表

（资产负债表、利润表）

海州市其力制造有限责任公司

年度